Udo Golfmann

Auf dem Weg ins goldene Zeitalter

Der wahre Weg zum Aufstieg

Besuchen Sie Udo Golfmann auch im Internet

www.udo-golfmann.de

Udo Golfmann

Auf dem Weg ins goldene Zeitalter

Der wahre Weg zum Aufstieg

Deutsche Erstausgabe 2017
© Udo Golfmann

Alle Rechte der Verbreitung auch durch Funk, Fernsehen und Internet, Tonträger jeder Art und auszugweisen Nachdruck vorbehaltlich der schriftlichen Genehmigung des Autors.

Herstellung und Verlag: BoD – Books on Demand, Norderstedt.

ISBN-13: 9783 743 166 158

Inhalt

Die Erde im Wandel...9
Mit den Engeln ins goldene Zeitalter.........................12
Die bisherigen goldenen Zeitalter..............................18
Aurora – das sechste goldene Zeitalter.....................32
Ein Blick zurück ins Jahr 2012...................................38
Der planetarische Umzug..40
Der goldene Wandel der Weltwirtschaft....................44
Die Pläne des göttlichen Rates..................................50
Energieversorgung im Zeitalter Aurora......................52
Der Tourismus in der goldenen Zeit..........................55
Die Läuterung – Vorbereitung von Mutter Erde.........56
Aurora und die spirituelle Meisterschaft....................58
Der Weg in die Selbstliebe..66
Echte Spriitualtiät – was dies bedeutet.....................70
Die Schritte zum Aufstiegsprozess............................72
Aurora ist nah..87
Partnerschaften im goldenen Zeitalter......................90
Wer Gott wirklich ist..92
Die Dunkelheit besiegen...97
Die silber-violette Flamme von St. Germain..............99
Die Kinder der goldenen Zeit...................................101

Das Regierungs- und Staatensystem der goldenen Zeit..106
Die 12 Chakren für die goldene Zeit...............................111
Die Rolle der Menschheit im göttlichen Plan.................118
Notwendige Läuterungen..121
Angst mit Erzengel Michael auflösen............................123
Die Erzengel..129
Affirmationen..275
Auflösung alter Gelübde...279
Danksagung..282
Der Autor..283

Die Erde im Wandel

Wir alle leben in einer wundervollen Zeit. Es ist ein Geschenk für jede Seele, dass wir uns in dieser großartigen Zeit auf der Erde inkarniert haben. Die Engel sagen, dass viele Menschen momentan Angst haben, vor dem was auf uns zukommt, aber diese Ängste vollkommen unnötig sind.

Die Welt verändert sich und wir sind dabei ein großartiges, höheres Bewusstsein zu erlangen. Zur Zeit sind so viele Engel aktiv wie noch in keiner Zeit zuvor. Der Erzengel Metatron sagte mir, dass es sehr wichtig ist, das folgende Buch zu schreiben. Er gab mir den Auftrag, weil es den Engeln unendlich wichtig ist, dass die Menschheit die Wahrheit über Gottes Pläne erkennt und diese endlich in vollem Umfang versteht. Natürlich folge ich dem Auftrag der Engel! Gott und die Engel sind mein Leben und was sie sagen, wird gemacht.

Gott ist reine Liebe! Er möchte, dass wir, die wir alle seine Kinder sind, glücklich leben. Unser Schöpfer möchte unsere Herzen berühren und er führt uns in eine neue und wundervolle Zeit.

Erzengel Metatron teilte mir für die Menschheit mit, dass aktuell leider viele Menschen in Bewegung sind, die angstbasierte Themen zu verbreiten versuchen und dass es jetzt ganz wichtig ist, diese Angst durch reine Liebe zu ersetzen.

Erzengel Metatron ist es unendlich wichtig, dass die Menschen wieder sehen, dass Gott es gut mit jedem von ihnen meint und dass er Großartiges mit uns allen vorhat.

Ich bin mir sicher, dass dieses Buch den Weg zu Ihnen aus einem wichtigen Grund gefunden hat. Der Grund ist, dass Sie erkennen dürfen, wie wundervoll die Chancen zum Aufstiegsprozess sind in der Zeit, in der wir leben. Bei Ihrem persönlichen Aufstieg möchte der Himmel Sie begleiten und unterstützen. Sie sollen wissen, dass die ganze Welt dabei ist in eine neue, **goldene** Zeit zu gelangen.

Gewaltig ist die Energie, die aktuell auf den Planeten einströmt - gewaltig und erfüllt von reiner göttlicher Liebe. Es ist wundervoll, wenn man sich öffnet und dieses Licht erlebt.

Goldenes Christuslicht umgibt uns alle aktuell so stark, wie noch in keiner Zeit zuvor. Mutter Erde wird bis zum Jahr 2032 vollständig von einer goldenen Aura umgeben sein. In diesem Licht werden wir endlich erkennen, dass alles was existiert in Wahrheit reine Liebe ist.

Die himmlischen Wesen sind dabei unseren wundervollen Planeten auf diesen Wandel vorzubereiten. Dazu gehört es natürlich, dass die Erde **vollständig geheilt** wird. Wir alle können uns sicher sein, sagen die Engel, dass für unseren Schöpfer **alles** möglich ist! Dadurch kann und wird er Mutter Erde wieder vollkomenen gesund machen!

Gemeinsam mit den Engeln ist unsere Erde dementsprechend auf dem Weg in die vollständige Heilung und Regeneration.

Auch Sie können zu der Heilung der Erde beitragen, denn Gott hat Sie nach seinem Bilde erschaffen. Aufgrund dessen haben Sie unglaublich viel Schöpferkraft in sich. Diese sollten Sie jetzt nutzen, um die Erde zu einem Ort des Friedens und der Liebe zu machen. *Sie haben die Macht dazu!*

Mit den Engeln ins goldene Zeitalter

Die Chancen für spirituelles Wachstum sind so groß, wie noch nie zuvor in dieser Welt. Auf Mutter Erde findet aktuell eine unvorstellbar große Transformation statt, die wir alle **miteinander** erleben dürfen.

Die Engel sagen, dass es für jede Menschenseele, die sich entschieden hat in dieser Zeit auf unsere Erde zu kommen, einfach großartig ist hier zu sein. Denn wir alle dürfen erleben, wie unendlich nah uns das Universum mit all seiner Liebe ist. Dementsprechend ist es wahrlich ein großes Geschenk diese Zeit zu erleben.

Die Engel sagen zu mir, dass es ein großer Segen ist, dass wir gerade in der jetzigen Zeit inkarniert sind. Dies kann man gar nicht oft genug betonen!

Den Engeln ist es ein überaus wichtiges Anliegen Ihnen die neue goldene Zeit näher zu bringen. Lassen Sie zu, dass das goldene Licht in Ihr Herz fließt und Sie vollkommen erfüllt.

Die Engel nehmen Sie heute schon mit in die neue Welt, in der jedes von Gott geschaffene Wesen von goldenem Licht umgeben sein wird.

Kommen wir nun zu einem ganz wichtigen Datum!

Der 21.12.2012, als gewaltiger kosmischer Moment liegt nun schon einige Zeit zurück. Dennoch ist es überaus wichtig, dieses Datum nochmal anzusprechen. Dieser Tag hat alles auf unserem Planeten verändert.

Es war ein großes Schlüsseldatum. Der Kalender der Mayas ging zu Ende, gewaltige spirituelle Portale öffneten sich und das goldene Licht begann in die Welt hinein zu strömen. Es war viel mehr als nur ein großartiger kosmischer Moment.

Es haben fantastische Energieverschiebungen auf dem gesamten Planten Erde stattgefunden, welche die gesamte Menschheit zum Aufwachen gebracht haben. Dieser Tag war ein großer „wake up call" unseres Schöpfers.

Die wundervolle Energie von spirituellem Wachstum ist bereits über die ganze Erde geflossen und sie fließt bis heute. Jeder Mensch ist grundsätzlich in der Lage diese Veränderungen wahrzunehmen. All jene Menschen, die sich dem Himmel öffnen, fühlen bereits jetzt, wie wunderschön die neue Zeit auf unserer Erde sein wird. Nur diejenigen, die noch auf einer sehr niedrigen

Schwingungsfrequenz sind, glauben an ein Ende unseres Planeten und an ein Ende der Menschheit.

Gott liebt alle seine Kinder unendlich und bedingungslos. Er will, dass wir alle glücklich sind. Sicherlich kann ein Mensch in eine besonders hohe Schwingung gelangen und dadurch zu besonderen Fähigkeiten kommen, dies steht allerdings jedem Menschen zur Verfügung. Es gibt also keine „besonderen" Menschen, sondern jeder Mensch wird von unserem wundervollen Schöpfer und von den Engeln auf die gleiche Art und Weise geliebt. Diese Liebe ist bedingungslos und vollkommen rein.

Aus dieser Liebe heraus führt Gott uns in eine neue Zeit, die leider viele Menschen als die Endzeit sehen.

Die Wahrheit ist ganz einfach, dieses Ende ist der Abschluss einer Ära und somit ein Neubeginn. Aus Gottes Liebe wird das neue goldene Zeitalter erschaffen und dies entsteht genau hier, **auf der Erde**, auf der wir leben. Dieser Prozess wurde am 21.12.2012 eingeläutet.

Auch ich habe, wie viele andere Menschen, zu diesem Datum mit etwas ganz besonderem und außergewöhnlichem gerechnet. Es war schließlich so, dass mir die Engel bereits im Jahr 2009 gesagt haben, dass es ein besonderes Datum sei. Die damit verbundene goldene Energie war mir also mehr als nur bewusst. Es war für mich vollkommen klar! Ich wusste schließlich seit 2009 schon Bescheid, über die Dinge, die auf die Menschheit zukommen werden.

Allerdings war dieser besondere Tag um ein vielfaches größer und ereignisreicher, als ich es mir hätte ausmalen können.

Alle Engel waren aktiv und neben ihnen alle aufgestiegenen Meister, die Einhörner, die Feen, die Meerjungfrauen und alle Wesen des Lichts, um Mutter Erde auf die nächste Stufe anzuheben. Die Energien, die währenddessen flossen, haben mich im positiven Sinn umgehauen.

Die Anhebung unserer Erde war deutlich spürbar! Ich kann es kaum in Worte fassen, wie großartig es war. Ich habe so viele Engel wie noch nie zuvor sehen können. Außerdem hat die Welle der Liebe Gottes mich so stark berührt, dass ich nichts anderes tun konnte, als vor Freude zu weinen. Diese Liebe berührte mich tief in der Seele. Jede Zelle meines Körpers vibrierte von dieser Energie, so dass es unmöglich war Gottes Energie zu übersehen. Ich sah Erzengel Metatron, der mir sagte, dass die Welt sich ab jetzt wandelt und dass Mutter Erde eine großartige Heilung durchleben wird.

Er teilte mir außerdem mit, dass dafür eine Läuterungsphase notwendig sei. Dies fand Ausdruck in den Naturgewalten, die wir alle seit 2012 so stark wie noch nie erlebt haben. Durch die Elemente (Wasser, Erde, Feuer und Luft) wurde auf dieser Welt bis zum heutigen Tag bereits unendlich viel Karma abgetragen und der Heilungsprozess voran gebracht. In einer Botschaft am 31.12.2016 haben mir die Engel gesagt, dass das Schlimmste hinter uns liegt und wir nun ganz leicht die noch anstehenden Herausforderungen bewältigen. Wir alle werden reich belohnt. Diese Botschaft war mir so wichtig, dass ich sie als Videobotschaft auf meiner Webseite veröffentlicht habe. Die Erde wird zu einem wundervollen Ort umgewandelt und vollständig von einer goldenen Aura umgeben sein. Ganz enorm wichtig zu wissen ist, dass dies alles genau hier auf Mutter Erde stattfinden wird.

Auch Sie können am Heilungsprozess mitwirken. Machen Sie einfach regelmäßig folgende Übung.

Übung – Mutter Erde mit goldenem Licht erfüllen

1. Stellen Sie sich sich gerade hin, wenn Ihnen das Stehen schwer fallen sollte, können Sie diese Übung auch im sitzen machen. Achten Sie darauf, dass beide Füße fest auf Mutter Erde stehen.
2. Schließen Sie die Augen und nehmen Sie sich einfach mal ein paar Minuten Zeit den Boden unter Ihren Füßen zu fühlen. Nehmen Sie Mutter Erde mal ganz bewusst wahr.
3. Bitten Sie Gott und die Engel einen goldenen Lichtstrahl in Ihr Kronenchakra zu senden und nehmen Sie einfach einen kurzen Moment lang wahr, was dadurch geschieht.
4. Spüren Sie, wie dieser goldene Lichtstrahl durch Ihren ganzen Körper bis in Ihre Füße fließt.
5. Stellen Sie sich vor wie Wurzeln aus Ihren Füßen in Mutter Erde hinein wachsen.
6. Visualisieren Sie, wie sich das goldene Licht durch diese Wurzeln in der ganzen Welt verbreitet.

7. Nach dieser Übung nehmen Sie sich ein paar Minuten Ruhe. Bedanken Sie sich bei den Engeln.

Die bisherigen goldenen Zeitalter

Bisher hat es durch die Zeiten unserer Erde hindurch fünf goldene Zeitalter gegeben, die alle großartige Entwicklungen für die ganze Menschheit zur Folge hatten. Zur Zeit bereitet der göttliche Rat uns alle auf das sechste goldene Zeitalter vor. Es handelt sich hierbei um den Sprung unseres ganzen Universums in die fünfte und sechste Dimension.

Besser gesagt sind wir bereits mitten in der Entwicklung der goldenen Zeit. Im Jahr 2032 wird dieser Wachstumsprozess für uns, unsere Erde und unser ganzes Universum abgeschlossen sein.
Dementsprechend sind die Möglichkeiten für spirituelles Wachstumso großartig wie noch nie zuvor - es ist den Engeln ein dringendes Bedürfnis, dies immer wieder deutlich zu betonen, da es sehr wichtig ist, dies zu wissen.

Das neue goldene Zeitalter ist das Großartigste, das es bisher gab. Es wird sich auf der gesamten Erde ausbreiten und für alle zukünftigen Generationen erhalten bleiben.

Im Folgenden finden Sie einen Überblick über die bisherigen goldenen Zeitalter. Außerdem werde ich Ihnen erklären, was genau diese bedeuteten und was geschah.

Übersicht - bisherige goldene Zeitalter:

- ✭ **Angala** - die Entstehung unserer Erde – Gott schuf die Welt

- ✭ **Petranium** – die Entstehung der Elementarwesen

- ✭ **Mu** – die goldene Energie der Berge

- ✭ **Lemuria** – die letzte Zivilisation ohne physischen Körper.

- ✭ **Atlantis** – das bekannteste goldene Zeitalter, das 2012 beendet wurde.

In all diesen goldenen Zeitaltern fand unglaubliches spirituelles Wachstum auf unserem Planeten statt. Außerdem war die ganze Erde von einer goldenen Aura umgeben. Goldenes Christuslicht umgab uns in vollkommener Liebe.

Im nächsten Kapitel lesen Sie die genauen Erläuterungen zu den einzelnen Zeitaltern. Des Weiteren gebe ich Ihnen sehr hochschwingende Übungen an die Hand. Sie werden außerdem erfahren, was diese Zeitalter für eine Wirkung auf die heutige Zeit haben.

Angala war die erste goldene Epoche

„Am Anfang schuf Gott Himmel und Erde..."! Die Zeit in der unsere wundervolle Erde von Gott, unserem Schöpfer erschaffen wurde, war selbstverständlich das erste goldene Zeitalter. Der reine Geist Gottes kreierte alles, was existiert. Zuerst war also diese Erde ein Gedanke Gottes und die erste Ursache aus der heraus alles geschaffen wurde.

Die Engel sagten mir, dass die Energie des Schattens, aktuell versucht den Menschen zu suggerieren, dass die Schöpfung ein Fehler Gottes war. Allerdings möchten die Engel betonen, dass Gott reine Liebe ist und diese reine Liebe selbstverständlich keine Fehler machen kann. Diese Erde ist also vollkommen. Sie wurde in Perfektion von Gott erschaffen.

Dementsprechend war die ganze Welt bei ihrer Entstehung vollständig von dem goldenem Licht der göttlichen Quelle umgeben. Außerdem waren zu dieser Zeit alle Engel aktiv, um diesen großartigen Augenblick zu feiern.

Natürlich ist es so, dass Sie diese Energie auch heute noch nutzen können. Stimmen Sie sich einfach, wenn Sie einen schöpferischen Gedanken oder Impuls haben voll Vertrauen in die Energie des Schöpfungsprozesses ein und denken Sie daran, dass auch Sie ein Teil davon sind. Dies wird Ihr spirituelles Wachstum voranbringen. Sie werden spüren was die göttliche Wahrheit ist und wie wunderschön die himmlische Energie der Schöpfung in

Ihnen wirkt. Es ist wundervoll die Energie der Schöpfung zu spüren. Dadurch erfahren wir alle, dass wir unendlich geliebt werden!

Spirituelles Wachstum durch Petranium

Der gesamte Kontinent Afrika wurde in diesem Zeitalter fruchtbar gemacht. Außerdem haben die siebendimensionalen Meister St. Germain und Seraphis Bey, mit denen ich sehr gerne arbeite, über dieses Zeitalter gewacht.

Wichtig zu wissen ist sicherlich, dass Afrika in dieser wunderschönen Zeitepoche eine reichhaltige Vegetation hatte. Es war im Gegensatz zu heute ein blühendes Land mit einer großen Artenvielfalt an Pflanzen und Tieren. Außerdem kamen in dieser Zeit viele siebendimensionale, himmlische Wesen, um in Afrika zu leben. Dadurch konnte diese Energie vollkommen im Boden Afrikas verankert werden. Diese göttlichen Wesen konnten unter anderem das Wetter und das Klima auf der ganzen Erde beeinflussen.

Des Weiteren wussten diese Wesen, welche Geheimnisse im Element Wasser lagen und wie man die darin enthaltenen göttlichen Energien nutzen konnte. Dieses Wissen verankerten sie im Bewusstsein unseres Planeten. Wenn Sie beginnen Ihr Wasser, bevor Sie es trinken zu segnen, werden Sie die spirituelle Wirkung dieses Elements in sich aufnehmen.

Viele dieser hohen geistigen Wesen halten sich bis heute auf der Erde auf. Sie möchten durch ihre Energie die hohe Schwingung weiterhin verbreiten. Beispielsweise mit den aufgestiegenen Meistern Seraphis Bey, Maria Magdalena, Buddha und Jesus Christus können wir noch heute sehr gut in Kontakt treten.

Weitere siebendimensionale Wesen, die bereits in dieser Zeit auf der Erde waren und bis heute blieben sind zum Beispiel die Einhörner, die Feen und die Meerjungfrauen. Diese Elementarwesen bereiten sich gerade darauf vor wieder einen physischen Körper zu bekommen und dadurch für alle Menschen sichtbar zu werden.

All diese großartigen Wesen helfen Ihnen auch heute noch sehr gerne bei Ihrem spirituellen Wachstum. Wenn wir alle lernen, uns mit ihnen zu verbinden, werden wir gemeinsam Afrika die Fruchtbarkeit zurückbringen. Dafür ist die folgende Übung sehr wichtig.

Übung, um sich mit den siebendimensionale Wesen Afrikas zu verbinden

1. Begeben Sie sich an einen Ort an dem Sie garantiert ungestört sind. Stellen Sie Ihr Telefon und Ihre Türklingel ab und sorgen Sie dafür, dass Sie diese Übung vollkommen ungestört durchführen können.

2. Erhöhen Sie die Energie im Raum durch ein paar Kerzen, Blumen und wenn Sie mögen, Weihrauch.

3. Setzen Sie sich mit geradem Rücken hin, achten Sie darauf, dass Ihre Füße Kontakt zum Boden haben und schließen Sie Ihre Augen.

4. Erden Sie sich, indem Sie sich vorstellen, dass dicke, grüne Wurzeln aus Ihren Füßen tief in Mutter Erde hinein wachsen.

5. Atmen Sie ein paar Minuten tief ein und aus, bis Sie sich vollkommen entspannt fühlen.

6. Bitten Sie Erzengel Michael, dass er Sie in sein königsviolettes Schutzschild einhüllt, welches dafür sorgt, dass nur reine Energien zu Ihnen kommen können.

7. Rufen Sie Seraphis Bey herbei und bitten Sie ihn, dass er Sie mit der goldenen Energie Afrikas verbindet.

8. Bleiben Sie einfach entspannt sitzen und lassen Sie alle Gefühle zu, die zu Ihnen kommen möchten, solange bis Sie das Gefühl haben, dass dieser Prozess abgeschlossen ist.

9. Atmen Sie tief ein und aus, recken und strecken Sie sich und öffnen Sie Ihre Augen.

Mu – die spirituelle Energie der Berge

Das nächste goldene Zeitalter war das Zeitalter der Mu´s.

Das Zentrum dieser großartigen Epoche befand sich im Bereich des Pazifischen Ozeans.

Die Bewohner von Mu hatten wie alle Menschen zuvor auch noch keinen menschlichen Körper und waren vier- bis fünfdimensionale Lichtwesen. Die Menschen existierten also in Mu auf der mentalen Ebene.

Speziell im Bereich der Berge dieser Welt finden wir die Energie dieser goldenen Zeit bis heute und können sie erleben. Diese vier- bis fünfdimensionalen Seelen halten das Leben in den Bergen durch ihren himmlischen Gesang aufrecht. Sie haben sich beim Singen schon immer von den Engeln inspirieren lassen. In den Bergen können Sie diesen Gesang nach wie vor hören. Die Bewohner von Mu waren und sind sehr stark mit Erzengel Metatron und Erzengel Raziel verbunden.

Des Weiteren können Sie die Energie der Mu´s auch heute noch für sich und Ihren spirituellen Weg nutzen.

Die Energie der Mu´s finden Sie im heiligen Metatron-Würfel (der heiligen Merkaba), der sich im Zentrum von Mutter Erde befindet und dafür sorgt, dass sich diese Welt vollständig von allen Wunden heilt. Auch die Energie, die im Metatron-Würfel enthalten ist, beweist uns, dass diese Welt vollständig geheilt wird. Verbinden Sie sich mit dieser Energie und Sie werden Ihr persönliches spirituelles Wachstum deutlich vorantreiben und Ihr inneres Licht erkennen.

Die Menschen dieser großartigen Epoche hatten außerdem eine enge Verbindung zu den Sternen des Aufstiegs. Sie nutzen die Energie dieser Gestirne, um diese Erde spirituell an die Spitze zu bringen. Da ist sie übrigens bis heute geblieben. Die Erde ist **der Planet** im Universum, auf dem es die höchsten Chancen zum spirituellen Wachstum gibt und schon immer gab. Dementsprechend werden Sie sich, wenn Sie sich in die Energie von Mu einschwingen auch die Energie der Gestirne Neptun, Orion, Sirius und der Plejaden erleben, denn dies sind die Sterne des Aufstiegs.

Übung – Aktivierung von Metatrons Würfel (Merkaba)

1. Achten Sie darauf, dass Sie vollkommen ungestört sind, während Sie diese Meditation durchführen.
2. Setzen oder legen Sie sich hin und begeben Sie sich in eine vollkommen entspannte Lage.
3. Während Sie sich auf Ihren Atem konzentrieren und sich dabei immer tiefer entspannen rufen Sie Erzengel Metatron an und geben sich seiner wunderschönen Energie vollkommen hin.
4. Bitten Sie Erzengel Metatron darum, dass er Sie in seine Energie einhüllt und mit der heiligen Merkaba verbindet.
5. Spüren Sie, wie Sie mit der heiligen Merkaba vollkommen verschmelzen.
6. Nun werden Tausende von Metatrons Engeln durch Ihr Herz strömen und Sie umgeben.
7. Ihr ganzer Körper, Ihr Geist und Ihre Seele erstrahlen

jetzt im hellen Lichte Metatrons.

8. Danken Sie Erzengel Metatron in der Gewissheit, dass Sie jetzt eins sind mit der heiligen Merkaba.
9. Recken und strecken Sie sich und öffnen Sie dann Ihre Augen.

Der spirituelle Wachstumssprung durch Lemuria

Zuerst möchte ich betonen, dass das goldene Zeitalter von Lemuria ein enormes spirituelles Wachstum mit sich brachte. Die Energie dieses goldenen Zeitalters beinhaltet eine der stärksten Heilungsfrequenzen. Diese ist für uns alle bis heute nutzbar!

Wundervolle Wesen des Lichtes aus allen Universen und aus allen Welten kamen auf die Erde, um in Lemuria dabei sein zu dürfen, denn es war eine große Ehre, hier mitwirken und teilhaben zu dürfen. Dieses Zeitalter war so großartig, dass es unglaublich vielen Wesen überaus wichtig war, es mitzuerleben und mitzugestalten. Denn dieses Zeitalter brachte das ganze Universum spirituell in eine gewaltig hohe Schwingung, die natürlich viele Wesen miterleben wollten.

Besonders stark war die Energie von Lemuria in Hawaii, Alaska, Neuseeland und Marokko vorhanden. Einige Teile der Erde waren komplett lemurisch, beispielsweise waren dies Mali und Algerien. Die Energie verbreitete sich allerdings in der ganzen Welt und weit darüber hinaus.

Es war eine großartige Epoche der Heilung. Da Zeit und Raum in Wahrheit nicht existieren, sondern Vergangenheit, Gegenwart und Zukunft parallel ablaufen, haben die Lemuria bereits damit begonnen die Erde, wie sie heute ist zu heilen. Dementsprechend ist die Energie Lemurias besonders in der jetzigen Zeit sehr aktiv, um die ganze Welt auf die neue Epoche des goldenen Lichtes vorzubereiten und die dringen notwendigen Heilungsprozesse voranzubringen.

Die Lemuria waren fünfdimensional und androgyn (geschlechtslos). Außerdem hatten diese wundervollen Lichtwesen das gemeinsame Ziel, die Erde vollkommen gesund zu erhalten. Sie sind heute dabei die Erde vollständig von allen Wunden und Verletzungen zu heilen. Bis 2032 wird die Erde wieder vollständig intakt sein und gesunder, als sie, jemals laut der menschlichen Erinnerung war. Dies ist ein Versprechen der Engel!

Wie bereits erklärt, hatten diese Wesen noch keinen physischen Leib! Dementsprechend war ihre Heilarbeit ausschließlich geistiger Natur. Die lemurischen Heilenergien, mit denen auch ich unglaublich gern arbeite, gehören, wie schon erwähnt zu den stärksten und machtvollsten Instrumenten der Heilung.

Die lemurische Energie heilt alle Orte und Lebewesen mit denen sie in Berührung kommt. Zu lemurischen Zeiten war diese Heilung so gewaltig, dass sich ihr kein Wesen entziehen konnte, dies wird auch in der Zukunft wieder der Fall sein. Demzufolge wird alles was diese wundervollen Wesen berühren nach und nach wieder vollkommen gesunden. Somit wird unsere Welt in ein neues Bewusstsein von vollkommener Heilung eintauchen. Die weisen Lemuria kommen gerade jetzt zurück, um die Erde mit ihren Kristallen zu heilen.

Wenn Sie dementsprechend spirituell wachsen möchten, verbinden Sie sich mit den Energien Lemuriens. Selbstverständlich kann diese großartige Energie auch Ihr spirituelles Wachstum enorm vorantreiben.

Das goldene Atlantis

Zuerst einmal möchte ich betonen, dass das Experiment **Atlantis** erst im Jahr 2012 abgeschlossen wurde. Besser gesagt es dauerte zweihundertsechzigtausend Jahre. Dies ist, wie ich finde eine gewaltige Zahl! Spirituelles Wachstum wurde, insbesondere zu beginn dieses Zeitalters in Atlantis sehr groß geschrieben. Es war eine ganz besondere Epoche, denn die Menschen erhielten das erste Mal einen menschlichen Körper. Dieser Körper war ein Geschenk, denn er definierte das Gefühl ein Mensch zu sein vollkommen neu!

Damit die ganze Erde spirituell wachsen konnte, wurde das goldene Zeitalter Atlantis vom göttlichen Rat zehntausend Jahre lang sehr gründlich vorbereitet. Danach blieb diese goldene Epoche ganze zweihundertvierzigtausend Jahre bestehen. Sie wurde im Anschluss im Laufe von ca. zehntausend Jahren beendet.

Es ging unter anderem in Atlantis darum, dass der göttliche Rat wissen wollte, ob die Menschen auch in einem Körper mit Gott verbunden bleiben konnten. Dies ist leider gescheitert, da die Menschen sich im Laufe der Zeit immer mehr dem Schatten zuwandten. Sie sollten wissen, dass der göttliche Rat die richtigen Schlüsse gezogen hat. Besser gesagt, dass das kommende goldene Zeitalter vollkommen anders vorbereitet wurde. Unter anderem wird unser Körper bis zum Jahr 2032 deutlich feinstofflicher sein und dennoch physisch bleiben.

Durch die Erfahrungen und Lernprozesse, die wir in Atlantis sammeln durften wurde das Thema des spirituellen Wachstums komplett neu definiert. Dieses Experiment wurde am 21.12.2012 vollständig beendet. Dadurch wurde Platz geschaffen für neues spirituelles Wachstum und ein neues Zeitalter, welches dabei ist einzutreten.

Aurora – das sechste goldene Zeitalter

So wie jedes goldene Zeitalter, zum Beispiel Atlantis und Lemuria einen Namen hatte, so hat auch das neue goldene Zeitalter, welches sich in der Entstehung befindet selbstverständlich auch einen Namen. Dies ist wichtig, weil jeder Name immer auch eine ganz einzigartige Energieschwingung in sich trägt.

Aurora ist der Name des größten goldenen Zeitalters, das es je gegeben hat. Es ist die Zeit, welche Jesus Christus meinte, als er von einem neuen Himmel und einer neuen Erde sprach. Es wird sich alles verändern! Wir gehen in eine Welt, in der nur noch Licht existieren wird.

Es ist sehr wichtig zu wissen, dass Jesus sich einer Bildsprache bediente. Als ich mich mit ihm verband und ihn fragte, was der neue Himmel und die neue Erde bedeuteten, übermittelte er mir folgende Botschaft:

„Geliebte Menschenseele, bitte verbreite diese Botschaft, auf dass die Menschen verstehen, was die Wahrheit ist. Der neue Himmel und die neue Erde sind Aurora. Dies ist nicht an einem fernen Ort oder einem anderen Planeten, sondern findet genau hier statt, auf der Erde, die der Vater aus der Liebe seines Herzens geschaffen hat.

Diese Erde und alle Wesen, die auf ihr leben, steigen auf in eine höhere Ebene und ein neues Bewusstsein. Alles entsteht bereits, die Welt wird geheilt und ist von unendlicher Liebe umgeben. Ihr Arbeiter des Lichts seid nun aufgefordert Gottes Botschaft zu verbreiten und in die Herzen der Menschen zu tragen. All jene die ein reines Herz haben werden wissen, dass in meines Vaters Reich alles möglich ist. Sie werden wissen, dass Gott der Herr alle Wesen unendlich und bedingungslos liebt. Sie werden wissen, dass ihr alle niemals alleine seid und dass alles was geschieht zu Eurem höchsten Wohl passiert.

Aurora ist kein Ort in der Ferne, sondern nur der Name einer neuen, goldenen Zeit, die hier auf Mutter Erde entsteht und erblühen wird. Die Erde wird wieder vollkommen gesund sein.

Ich aber möchte Euch auch warnen, es gibt falsche Christusse, die in meinem Namen Botschaften der Unwahrheit und der Angst verbreiten. Folgt diesen Menschen auf keinen Fall! Wer Euch sagt ich sei in ihm *inkarniert, der lügt und führt Euch auf einen dunklen Pfad. Ich versprach ich werde kommen und ein Teil meiner Seele ist bereits in einem Mädchen inkarniert auf Mutter Erde. Wer es ist werdet ihr erkennen, wenn die goldene Zeit da ist. Dann werdet Ihr mich in einem weiblichen Körper sitzen sehen auf einer Wolke und mit dieser Wolke werde ich schweben über der Erde und meine Botschaft der Liebe verkünden. Jene die sagen, sie seien der Christus sind meiner Energie fern, haben nichts mit der Liebe Gottes zu tun, sondern wollen Euch wegführen von der goldenen Zeit. In Liebe Jesus Christus!"*

Ich persönlich finde diese Botschaft sehr rund und aussagekräftig. Es ist immer großartig für mich die Worte des Christus zu empfangen. Jesus möchte uns mitteilen, welcher Segen dahinter steht, dass wir in der jetzigen Zeit auf dieser Erde geboren sind. Er möchte uns durch seine Liebe zeigen, wie großartig es ist, spirituell voranzukommen und sich dem göttlichen Vater vollkommen zu öffnen. Natürlich möchte er auch mitteilen, dass wir die Augen öffnen sollen, damit wir erkennen, welche Menschen wirklich die Liebe verbreiten und welche uns von der Liebe und somit von Gott weg führen.

Außerdem ist es dem Himmel unendlich wichtig immer wieder zu betonen, dass es das größte goldene Zeitalter sein wird, dass es je gegeben hat.

Dementsprechend wird das spirituelle Wachstumso groß sein, wie noch nie. Das ganze Universum wird bis 2032 in die fünfte Dimension eingetreten sein. All dies findet genau hier statt auf der wundervollen Erde auf der wir alle leben. Aurora heißt das neue Bewusstsein. In dieses Bewusstsein werden alle Wesen, die auf Gottes Erde leben eintreten. In dieser Welt wird es keinen Schatten geben.

Die gesamte Menschheit wird automatisch spirituell wachsen und in ungeahnte Höhen kommen. Unvorstellbar ist es jetzt noch, wie wunderschön das neue Zeitalter sein wird und dennoch ganz nah.

Es ist so, dass sich neue spirituelle Gemeinschaften bilden werden, die Menschen in Harmonie miteinander leben werden und eine komplett neue Zivilisation entstehen wird.

Natürlich ist es so, dass es auch Seelen gibt, die dieses spirituelle Wachstum nicht wollen oder noch nicht leben können. Dementsprechend werden diese Seelen, die sich diesem spirituellen Wachstum verschließen auf die innere Ebene oder ihre Heimatplaneten zurückkehren.

Es ist also so, dass die Seelen, die noch nicht hoch genug schwingen, um den Wandel der Erde zu erleben, diese in Dankbarkeit und erfüllt von Liebe, verlassen werden.

Außerdem werden diese Seelen in einem anderen Universum weiterhin dreidimensionale Erfahrungen sammeln dürfen.

Das spirituelle Wachstum auf der Erde wird grandios sein!

Die Energie des Zeitalters von Aurora erleben

Spirituelles Wachstum - mit den Engeln ins goldene Zeitalter - das bedeutet die Energie des Himmels vollkommen anzunehmen. Diese Energie können Sie bereits heute an jedem Tag erleben.

Mit der folgenden Übung bringen Sie schon jetzt Ihr spirituelles Wachstum voran und werden diese großartige Energie erleben.

1. Nehmen Sie sich einfach mal Zeit für sich! Setzen Sie sich hin und entspannen Sie sich.
2. Visualisieren Sie die Welt. Also stellen Sie sich ganz einfach unseren wundervollen blauen Planeten vor.
3. Während Sie sich auf Mutter Erde konzentrieren wird es so sein, dass Sie goldene, strahlende Lichtpunkte sehen werden.
4. Diese Lichtpunkte sind alle durch goldenen Lichtfäden miteinander verbunden.
5. Nehmen Sie sich einige Augenblicke Zeit, um sich auf goldenen Städte des Lichtes zu konzentrieren und segnen sie diese wundervollen Orte.
6. Sie werden sehen, wie das Licht dieser wundervollen goldenen Städte weit ins Universum hineinstrahlt.
7. Nehmen Sie sich ein paar Minuten Zeit, diese wundervolle Energie, welche von dieser Erde ausgeht zu fühlen und bedanken Sie sich dann bei Gott.
8. Öffnen Sie nun Ihre Augen.

Sie werden erleben, wie schnell Ihr spirituelles Wachstum voranschreitet, wenn Sie diese Übung regelmäßig machen. Damit unterstützen Sie zusätzlich Mutter Erde.

Spirituelles Wachstum ist für jede Seele sehr wichtig. Öffnen Sie sich den **großartigen** Möglichkeiten!

Ein Blick zurück ins Jahr 2012

Zuerst einmal war es so, dass im Jahr 2012 die Vorbereitung auf das sechste goldene Zeitalter begann und wie gesagt, das Projekt Atlantis beendet wurde. Aufgrund dessen finde ich es sehr wichtig, einen Blick zurück auf diese Zeit zu tätigen.

Unser wundervoller Schöpfer lenkt über seine Atemzyklen himmlische Energie zu Mutter Erde bzw. reinigt die Welt von negativen Energien. Jede göttliche Ausatmung geht über einen Zeitraum von sechsundzwanzigtausend Jahren. In der Zeit von jeder schöpferischen Ausatmung wird alles auf unserer Erde zur Vollendung geführt. Anders ausgedrückt ist es so, dass alles Karma der Erde dadurch bereinigt und erlöst wird. Dies ist sehr wesentlich, denn bevor eine neue Energie entstehen kann, muss natürlich ein Reinigungsprozess vorausgehen. Es würde keinen Sinn machen Energie auf etwas Verunreinigtes zu geben, denn schauen Sie mal, wenn Sie beispielsweise neue Möbel in Ihr Haus oder Ihre Wohnung stellen möchten, sollten Sie auch vorher alles gründlich reinigen. Dies ist zum größten Teil bereits geschehen! Der Prozess der Reinigung unseres Planeten war am 21.12.2012 abgeschlossen.

Parallel dazu hat der Zyklus der Einatmung unseres Schöpfers an diesem großartigen Tag begonnen. Dadurch wurde die Vorbereitung auf das neue goldene Zeitalter eingeleitet.

Im Prozess von Gottes Einatmung wird alles zu Gott, also zum Ursprung von allem Sein zurückgeführt. Die Einatmung Gottes wird im Jahr 2023 abgeschlossen sein. Dann ist auch unser menschliches Bewusstsein wieder ganz bei Gott!

Gottes Einatmung dauert also genau elf Jahre. Nach diesem Zyklus gibt es eine Erholungsphase. Man kann diese Phase auch als energetische Pause bezeichnen, die dann neun Jahre andauern wird.

Wie Sie also erkennen können ist der gesamte Zyklus im Jahr 2032 abgeschlossen. Dann kann das sechste goldene Zeitalter Aurora auf unserer wunderschönen Erde beginnen.

Der planetarische Umzug

Viele Menschen verstehen den Begriff des Umzuges falsch, sagen die Engel. Den Engeln ist es sehr wichtig zu betonen, dass der planetarische Umzug hier auf unserer Erde stattfinden wird. Aurora ist lediglich der Name des neuen goldenen Zeitalters und keineswegs ein ferner Planet auf den die Menschen umziehen werden.

Der Prozess, in dem wir momentan sind, können wir als Umzug in das goldene Zeitalter bezeichnen bei dem unser Planet Erde mit umzieht in die 5. Dimension. Dementsprechend erleben wir in der jetzigen Zeit enorm viele Herausforderungen. Es ist außerordentlich wichtig, dass wir alle im Licht bleiben und den Energien des Schattens auf keinen Fall folgen.

Die Engel wissen ganz genau, wieviele Herausforderungen wir aktuell haben. Sie möchten uns all diese scheinbaren Hürden erleichtern. Dies können sie allerdings nur, wenn Sie die himmlischen Wesen um Hilfe bitten, denn dadurch erlauben Sie ihnen aktiv zu werden und in Ihr Leben einzugreifen. Denken Sie immer daran Ihr **„Freier Wille"** ist heilig. Sagen Sie den Engeln nicht, wie ihre Hilfe aussehen soll, sondern überlassen Sie das „Wie" den Boten Gottes. Sie wissen genau wie Sie Ihnen am besten helfen können. Außerdem werden Sie im Automatismus durch die Verbindung zu den Engeln erkennen, dass hinter allem was geschieht in Wahrheit die Liebe Gottes steht.

Aktuell sind die Engel mit Prozessen des Aufräumens und Sortierens beschäftigt. Wir alle können ihnen dabei wundervoll helfen, indem wir unseren persönlichen Bereich in Ordnung bringen. Alles, was jeder Einzelne von uns tut, löst immer Wellen aus, die sich in der ganzen Welt und darüber hinaus verbreiten.

Es ist also sehr wichtig, dass Sie alle belastenden Themen Ihrer Seele bearbeiten. Sie sollten dafür sorgen, dass Sie mit sich selbst und mit Anderen vollkommen in Frieden sind. Dabei ist ein wichtiger Schritt, dass Sie sich eine schöne und energetisch reine Umgebung in Ihrem Zuhause schaffen. Wenn Sie sich in Ihrem Zuhause vollkommen wohl fühlen, dann werden Sie sich auch im Inneren wesentlich besser fühlen und dem inneren Frieden ein großes Stück näher sein. Durch die benannte Wellenfunktion wirkt sich die Reinigung Ihrer Wohnung oder Ihres Hauses auf den ganzen Planeten Erde aus.

Dementsprechend können Sie durch folgende Übung nicht nur sich selbst, sondern der ganzen Welt helfen.

Übung Aufräumen – den planetarischen Wandel unterstützen

1. Die Engel sagen: "Wenn Sie in Ihrem Leben sowohl auf der materiellen als auch auf der inneren Ebene Ordnung schaffen, hat Mutter Erde umso weniger zu tun." Dies entsteht aus der Tatsache heraus, dass alles mit allem und jeder mit jedem verbunden ist.

2. Beginnen Sie damit Ihr Zuhause und Ihren

Arbeitsplatz mal gründlich aufzuräumen, und zu reinigen.

3. Hinterfragen Sie, ob Sie alle Bücher, die Sie haben jemals wieder lesen werden. Verschenken Sie doch die Bücher, die sinnbildlich nur noch als Staubfänger bei Ihnen sind. Es werden ohnehin dann, wenn Sie diese benötigen, neue Bücher zu Ihnen finden.

4. Werfen Sie doch mal einen Blick in Ihren Kleiderschrank. Vielleicht sind da ja einige Kleider, die Sie seit Jahren schon nicht mehr getragen haben oder die Ihnen zu groß geworden sind. Diese Kleider werden ganz sicher nicht mehr kleiner. Auch hier kann es an der Zeit sein, diese Kleidungsstücke zu verschenken.

5. Schauen Sie sich mal Ihre Pflanzen im Haus und im Garten an. Entfernen Sie alle toten Blätter von Ihren Pflanzen und beseitigen Sie totes Laub.

6. Schauen Sie sich Ihren Besitz genau an und fragen Sie sich, was Sie in den letzten 2 Jahren oder länger nicht gebraucht haben. Erzengel Jophiel betont immer wieder, dass alles, was Sie so lange nicht gebraucht haben, bereits ausgedient hat. Erlauben Sie sich diese Dinge zu verschenken oder wegzuwerfen.

Wenn Sie diese Schritte durchgeführt haben werden Sie ein Gefühl von großer Befreiung erleben. Dies wird Wellen auslösen, die sich über den ganzen Planeten Erde verbreiten und dadurch den Weg für das neue Zeitalter bereiten.

Sinnbildlich kann man sagen, dass altes entsorgt wird, um Platz für das Neue zu schaffen.

Dementsprechend wird alles, was gemäß dem göttlichen Rat ausgedient hat von der Erde für das Entstehen des goldenen Zeitalters verschwinden. Die Entscheidung hierüber trifft allein die göttliche Quelle. Dies ist so wichtig, weil die ganze Erde ein neues spirituelles Bewusstsein erlangen soll. Wie bereits erklärt, damit die neue Energie sich ausbreiten kann, muss zunächst das Alte beiseite geräumt werden.

Im Folgenden möchte ich Ihnen erklären, wie sich die Welt in den nächsten Jahren verändern wird. Die Engel sagen, dass bis 2032 dieser Prozess - wie geplant - vollständig abgeschlossen sein wird. Dementsprechend sind wir auf einem fantastischen Weg in das goldene Zeitalter.

Wir alle sind göttlich, dies möchten die Engel noch mal deutlich betonen! Aufgrund dieser Tatsache hat jede Menschenseele jetzt die Chance das neue goldene Zeitalter aktiv mitzugestalten.

Der goldene Wandel der Weltwirtschaft

Die Engel sagen, dass Gott schon seit langem unser Finanzsystem wie einen faulenden Ast oder ein Haus, bei dem das Fundament vollkommen kaputt ist sieht. An den Entwicklungen der letzten Jahre können wir sehr gut sehen, wie die göttlichen Mächte hier auf Mutter Erde mit dem Aufräumen beschäftigt sind.

In verschiedenen Ländern wurden Banken- und Finanzsysteme bereits mehrfach über Wasser gehalten und es kamen Hilfen von anderen Ländern. Diese Hilfen, sagen die Engel sind wie ein lockeres Pflaster, das nicht auf Dauer halten wird. Es wird sich vollkommen anders regeln. Das Finanzsystem, wie wir es heute kennen, wird es bis 2032 nicht mehr geben.

Diese Veränderungen werden für uns alle großartig sein. Alles was in den nächsten Jahren in Bezug auf die Weltwirtschaft geschehen wird, dient dem Glück der Menschheit.

Es ist so, dass alles Neue oftmals den Menschen erst einmal Angst macht. Die Engel aber sagen, dass es definitiv nichts zu befürchten gibt. Im Gegenteil - der göttliche Rat hat schon lange entschieden, dass die Weltwirtschaft sich dahingehend verändern wird, dass jede Menschenseele wirklich in Frieden und vollkommen glücklich sein kann. Dadurch wird selbstverständlich auch ein friedvoller Umgang miteinander entstehen.

Die Engel der Finanzen teilten mir schon vor Jahren mit, dass es zwischen 2020 und 2025 dieses veraltete Finanzsystem nicht mehr geben wird. Die Gründe dafür sind, dass dieses System vom göttlichen Rat als korrupt angesehen wird, da der Umgang der Menschheit mit diesem Finanzsystem dafür gesorgt hat, dass viele Menschen darunter leiden mussten und die vielen Kriege, dadurch entstanden sind.

Außerdem ist es eine niedrige Schwingung Geld zu verleihen und Zinsen dafür zu verlangen. Die Engel sagen sogar, dass diese Schwingung dem Schatten - sprich den niederen Wesenheiten - entsprungen ist. Dementsprechend passt dieses System nicht in das kommende goldene Zeitalter Aurora, also in die neue Energie, die dann auf unserer wundervollen Erde vorhanden sein wird.

Demzufolge wird das Geld als Zahlungsmittel vollkommen abgeschafft. Es wird also auf der ganzen Welt in absehbarer Zeit kein Geld mehr existieren. Dennoch müssen Sie sich keine Sorgen machen, denn der Handel wird auf anderer Ebene weiter gehen.

Dadurch, dass dies nur eine Veränderung der Zahlungsformen sein wird, ist es natürlich trotzdem wichtig, dass Sie erkennen, dass Reichtum und Wohlstand Ihr von Gott gegebenes Geburtsrecht ist. Daher ist es wichtig, dass Sie Wohlstand weiterhin als etwas positives sehen.

In den letzten Jahrhunderten ist der Frieden in der Welt durch den menschlichen Umgang mit Geld massiv gestört worden. Die Beseitigung dieser kriegerischen Energien ist ein weiterer Grund, warum das Geld als Zahlungsmittel in der Welt verschwinden wird. Dies wird als großartige Befreiung erlebt und dafür sorgen, dass wahrer Frieden entsteht.

Wie der Handel ohne Geld ablaufen wird

Im goldenen Zeitalter wird es also - wie erklärt - kein Geld mehr geben. Es mag sein, dass diese Tatsache in vielen Menschen noch ein mulmiges Gefühl und gewisse Ängste hervorruft. Allerdings betonen die Engel, dass diese Angst nicht nötig ist. Wir sollen wissen, dass Gott für uns sorgt. Durch die Abschaffung des Geldes und die damit einhergehende Veränderung der Weltwirtschaft wird es so sein, dass die ganze Menschheit wieder wahres Glück auf vollkommen neuer Ebene erleben kann.

Der Himmel sagt: *„Ohne Geld kehrt wahre Leichtigkeit in das Leben jeder Menschenseele, die Sorgen, die damit verbunden sind und die Schuldgefühle, die zu Schulden führen wird es nicht mehr geben. Wir die Engel sagen Euch erkennt die Liebe, erkennt das Glück und erkennt die Möglichkeiten, die die Wahrheit dahinter sind!"*

Die Menschen werden auf Mutter Erde in spirituellen Gemeinschaften im goldenen Zeitalter Aurora zusammenleben. Überdies werden die Menschen sich sehr gut ergänzen. Miteinander wird die Menschheit im Licht schwingen, so dass niemand mehr Hunger oder Not leiden wird. Die sogenannten Entwicklungsländer der Dritten Welt werden demzufolge der Vergangenheit angehören.

Die Währung wird eine Form des Tausches sein. So wird es beispielsweise so sein, dass einer gut kochen kann, der andere gut beraten und wieder ein anderer kann vielleicht gut nähen. Dies sind nur ein paar Bespiele dafür, wie wundervoll sich die Menschheit im goldenen Zeitalter ergänzen wird, weil die Menschen sich mit ihren wundervollen Fähigkeiten bezahlen werden. Jeder Mensch hat schließlich andere und so wird Geben und Nehmen immer im Ausgleich stattfinden.

Dementsprechend wird das goldene Zeitalter sehr einfach ablaufen, in einem sehr hohen Bewusstsein schwingen und dies wird ohne Geld vonstatten gehen.

Die Engel sagen, dass es so wichtig ist, weil alles Negative in der Welt, mit dem das Geld belegt ist, keine Rolle mehr spielen darf. Dies ist einfach wundervoll und es wird der Menschheit damit sehr gut gehen.

Mit der nächsten Übung kommen Sie selbst in eine harmonische Schwingung. Dies hilft Ihnen und allen Menschen den Übergang zu einer Erde ohne Geld als harmonisch zu erleben.

Übung – Die Welt in Harmonie

1. Setzen Sie sich an einen Ort, an dem Sie sicher und gut entspannen können.

2. Schließen Sie Ihre Augen und atmen Sie tief ein und aus. Stellen Sie sich dabei vor, wie Sie beim Einatmen goldenes Licht in sich aufnehmen.

3. Rufen Sie Erzengel Michael und bitten Sie ihn darum, dass er Sie in eine harmonische Übereinstimmung mit einer wundervollen Arbeit bringt, die Sie und Ihre Seele vollkommen in Frieden schwingen lässt.

4. Gehen Sie in die Vorstellung, dass Sie diese wunderbare Arbeit ausführen, die Sie vollkommen erfüllt und absolut glücklich macht. Dabei nehmen Sie wahr, wie Sie

vollkommen glücklich, wertgeschätzt und natürlich gut entlohnt sind.

5. Dieses neue Gefühl, welches nun in Ihnen entstanden ist, übertragen Sie nun auf alle Menschen, die Sie kennen und stellen Sie sich diese Menschen als vollkommen glücklich mit ihrer Arbeit vor.

6. Jetzt stellen Sie sich vor, dass sich diese Energie auf alle Menschen, die auf unserer wundervollen Erde leben, überträgt. Sie sehen wie alle Menschen in vollkommener Harmonie in ihrem Alltag sind. Sehen Sie wie sie in den Fabriken, Büros, auf den Feldern oder wo auch immer sie sein mögen, fröhlich singen.

7. Öffnen Sie die Augen und lächeln Sie.

Die Pläne des göttlichen Rates

Der göttliche Rat hat bereits vor langer Zeit entschieden, dass diese Welt sich vollkommen verändern wird. Das neue goldene Zeitalter Aurora ist dementsprechend seit vielen Jahren beschlossene Sache. Mir haben die Engel die Informationen dazu im Jahr 2009 übergeben! Alles wird sich ändern und dies ist wundervoll. Die Welt wird vollständig geheilt sein und das ganze Universum wird einen riesigen Sprung in die 5. Dimension machen.

Die großartigen Dinge, die wir erleben werden, werden alles übersteigen, was wir uns heute vorstellen können.

Diese Erde wird ein Ort des Friedens und des vollkommenen Glücks sein. Die Menschen werden miteinander in Frieden sein. Harmonie wird überall in der Welt vorhanden sein und dies alles spielt sich genau hier auf unserer Erde und in unserem Universum ab.

Energieversorgung im Zeitalter Aurora

Auswirkungen der Energie des Wandels

Da die Schwingung der Menschen und der ganzen Welt seit dem 21.12.2012 bis zum Jahr 2032 enorm ansteigt, wirkt sich dies sehr stark auf unsere elektrischen Systeme und Geräte aus. Wir dürfen schließlich nicht vergessen, dass der elektrische Strom auch eine Energieform ist, die sehr empfindlich auf die aktuellen kosmischen Energien reagiert.

Der göttliche Rat sorgt schließlich für enormes Wachstum aller Menschen und der gesamten Erde. Diese hohen Energien haben bereits vielerorts beispielsweise für Stromausfälle gesorgt.

Außerdem ist es so, dass jeder Bewusstseinssprung sich auch auf Ihre elektrischen Geräte bei Ihnen Zuhause auswirkt. Daher ist es jetzt besonders sinnvoll, dass Sie beispielsweise von Ihren wichtigen Dateien Sicherheitskopien anlegen.

Überdies spielen Elektrogeräte gerne verrückt, durch diese hohen göttlichen Energien, die auf unseren wundervollen Planeten einströmen.

Zum Beispiel wurde mir schon sehr oft gesagt, dass Menschen Elektrogeräte ersetzen mussten, nachdem sie mit den himmlischen Energien gearbeitet haben. Dies ist vollkommen normal, betonen die Engel!

Es wird innerhalb der nächsten Jahre zu sehr vielen Stromausfällen überall auf der Welt kommen. Auch wenn Sie von den Stromlieferanten, dann allerhand Erklärungsversuche erleben werden, die teilweise lächerlich sind, haben diese Ausfälle mit dem Wandel der Erde zu tun, denn diese hohen Energien sorgen auch hier für eine Säuberung. Energie darf auf keinen Fall mehr aus Quellen gewonnen werden, die die Erde belasten. Dafür wird der göttliche Rat in den nächsten Jahren sorgen!

Dadurch dürfen wir lernen, zusammenzuarbeiten und die Ressourcen zu teilen.

Diese neue Erfahrung wird uns der Liebe, die der göttliche Rat verbreitet, einen großen Schritt näher bringen.

Die künftige Versorgung mit Öl und Benzin

Bereits im Jahr 2012 waren die Ölquellen, die wir Menschen anzapfen und nutzen durften, ohne dabei Karma anzusammeln, erschöpft! Die Engel gaben mir diese Information, damit Sie die Möglichkeit haben auf andere Ressourcen zurückzugreifen.

An vielen Orten dieser Welt werden laut Anordnung des göttlichen Rates Erdbeben entstehen. Diese sind dringend notwendig, damit die Menschen sehen, dass wir nun diese Ölquellen vollkommen in Ruhe zu lassen haben. Außerdem regeneriert sich unsere Erde durch diese Erdbeben und heilt sich selbst.

Dadurch, dass die Erde bebt, wehrt sie sich außerdem noch gegen die Ausbeutung und trägt das Karma ab, welches durch das übermäßige Ausnutzen der Erdressourcen entstanden ist.

Der göttliche Rat teilte mir durch Erzengel Raziel mit, dass Öl und Benzin uns bis zum Jahr 2032 nicht mehr zur Verfügung stehen werden.

Dementsprechend werden in den nächsten Jahren neue spirituelle Technologien entwickelt. Zur neuen Erde gehört auch eine neue Form zu reisen.

Der Tourismus in der goldenen Zeit

Natürlich ist es so, dass die Menschheit schon immer reisen wollte und dies auch tat. Das ist auch sehr gut!

Dieses Bedürfnis kommt aus der Sehnsucht den Horizont zu erweitern, indem man die Welt bereist. Allerdings hat der göttliche Rat entschieden, dass es in Zukunft anders sein wird.

Die schnellen Transportmittel werden uns nicht mehr zur Verfügung stehen. Dementsprechend werden die schonenden Formen des Reisens bis 2032 ein Comeback erleben.

Beispielsweise werden sich Zugreisen, Schiffsreisen oder auch gut besohlte Schuhe wieder etablieren. Dadurch, dass die Grenzen auf der Welt verschwinden, wird das Reisen einfacher.

Außerdem sagt der göttliche Rat, dass bis 2032 neue Formen des Reisens, die keinen Treibstoff brauchen verfügbar sein werden.

Die Läuterung – Vorbereitung von Mutter Erde

Bis 2032 wird die Erde komplett von negativer Energie befreit sein. Für das Jahr 2017 wird eine große und überaus gründliche Reinigungsaktion erwartet, wie die Engel mir mitteilten.

Dies geschieht über die Elemente und sogenannte Naturkatastrophen. Das heißt 2017 werden wir noch viele Ereignisse, wie zum Beispiel Erdbeben, Stürme, starke Regenfälle bis hin zu Hochwasser und enorme Hitze erleben.

Diese Prozesse sollen uns auf keinen Fall Angst machen, sagen die Engel. Sie sind gemäß dem göttlichen Plan dringend notwendig, um unsere Erde zu reinigen und zu heilen. Große, göttliche Energien werden während dieser Reinigungs- und Läuterungsphasen auf die Erde einströmen. Die Welt wird dadurch deutlich vorangebracht und vom Licht Gottes vollkommen erfüllt sein. Es ist einfach großartig zu beobachten, wie auf der Erde der große *Hausputz* vorangeht!

Die sogenannten Naturkatastrophen werden außerdem dafür sorgen, dass die Herzen der Menschen bisher verfeindeter Länder von Mitgefühl erfüllt sein werden. Dadurch werden hier friedvolle Gespräche und Verhandlungen mit wunderbaren Lösungen stattfinden.

Die von Menschen gemachten Grenzen werden durchlässiger werden und kriegerische Handlungen werden sich beginnen aufzulösen. Die Menschen werden endlich ihr Geburtsrecht in Anspruch nehmen können, sich überall dort auf der Welt aufzuhalten, wo sie vollkommen glücklich sind und wo ihr Herz sein will.

Die Engel sagen: *„Wer hat Euch Menschen das Recht gegeben, ein Gebiet einzuzäunen oder Mauern zu bauen und zu sagen, dass dieses Land und dieses Stück von Mutter Erde Euer Besitz ist? Nein, dies ist nicht die Wahrheit! Euer wunderbarer Schöpfer erschuf eine Erde. Sie ist für alle Menschen erschaffen worden und ihr habt das Recht überall dort zu sein, wo Euer Herz hin möchte und wo ihr dieses Licht leben könnt!"*

Aurora und die spirituelle Meisterschaft

Im neuen goldenen Zeitalter ist es überaus wichtig, dass möglichst viele Menschen den Weg in die spirituelle Meisterschaft finden. Dementsprechend finde ich persönlich dieses Kapitel besonders wichtig, denn es wird Ihnen zeigen, was spirituelle Meisterschaft bedeutet und wie leicht es ist, diesen Zustand gemeinsam mit den Engeln zu erreichen. Eines verrate ich Ihnen jetzt schon: *„Jeder Mensch ist in der Lage, den Weg zu spiritueller Meisterschaft mit Hilfe der Engel zu gehen!"*

Vielleicht haben Sie bisher gedacht, Sie müssen sich verbiegen, um wahre Spiritualität zu erlangen. In Wahrheit ist dies alles ganz leicht!

Der erste Schritt, den Sie einfach nur gehen sollten ist, sich so zu lieben, wie Sie sind. Die Engel sagen, dass jeder von uns doch schon perfekt von Gott geschaffen wurde und wenn Sie lernen dies zu erkennen und anzunehmen, dann werden Sie sehr schnell den Weg zum spirituellen Meister gehen.

Es ist im Prinzip ganz einfach. Wenn Sie sich selbst wirklich lieben, ist Ihr Herz vollkommen erfüllt von Liebe. Ein Herz, dass von Liebe erfüllt ist, wird immer nur aus Liebe und im Frieden handeln. Dadurch ist es für Sie dann ganz selbstverständlich, dass Sie immer nur die richtigen Wege gehen können. Selbstliebe ist also immer der erste und wichtigste Schritt zur spirituellen Meisterschaft!

Dementsprechend sind weder anstrengende Rituale noch Dinge, die Ihnen widerstreben, notwendig! Der Schlüssel ist einfach Liebe!

Liebe ist das Gegenteil von Angst. Die Engel sagen, dass alles Negative der Angst entspringt. Des Weiteren entfernt Sie die Angst von Gott und somit von Ihrem göttlichen Sein.

Es mag jetzt sehr schwierig klingen. Es ist aber ganz einfach. Wenn Sie Erzengel Michael um seine Hilfe bitten wird er Sie sehr gerne von allen Auswirkungen der Angst befreien.

Da Gott Liebe ist, sind Sie es in Wahrheit auch. Anders gesagt, können Sie durch Liebe jede Angst überwinden und zu sich selbst finden.

Um dies zu vereinfachen, hier eine tolle und leichte Übung, um Ihre Selbstliebe zu stärken. Diese Meditation bekommen Sie auch zum Download in meinem Engelshop.

Übung – Meditation für Ihre Selbstliebe

Nehmen Sie vor dieser Meditation bitte ein reinigendes Meersalzbad (kein Totes Meersalz) von ca. 20 - 30 Minuten Länge und stellen Sie sich vor, wie das Salzwasser Sie von allen toxischen Energien befreit und reinigt.

1. Begeben Sie sich anschließend an einen Ort an dem Sie garantiert vollkommen ungestört sind und

schalten Sie alle möglichen Störfaktoren, wie Türklingel und Telefon aus.

2. Erhöhen Sie bitte die Raumenergie dadurch, dass Sie ein paar rosa Rosen hinstellen, eine Kerze anzünden, räuchern Sie mit Sandelholz und Weihrauch und legen Sie eine CD mit Engelmusik auf, die leise im Hintergrund läuft.

3. Nun setzen oder legen Sie sich vollkommen entspannt und mit geradem Rücken hin und schließen Sie die Augen.

4. Atmen Sie bitte sehr tief ein und aus und stellen sich dabei vor wie Sie bei jedem Einatmen göttliches, rosafarbenes Licht tief in sich aufnehmen und bei jedem Ausatmen alle Negativität und jede Anspannung dem Universum übergeben.

5. Erden Sie sich indem Sie sich vorstellen wie dicke, grüne Wurzeln aus Ihren Füßen in den Boden wachsen, bis zum Mittelpunkt der Erde, so dass Sie sich vollkommen mit Mutter Erde verbunden fühlen.

6. Bitten Sie nun Ihre Schutzengel darum, dass sie Sie mit ihren Flügeln umarmen, fühlen Sie einige Augenblicke lang die unendliche Liebe, die Ihre Schutzengel Ihnen schenken und genießen Sie dieses Wohlgefühl, so lange Sie mögen.

7. Vor Ihnen erscheint nun eine goldene Treppe, die Sie leicht und einfach hinaufsteigen. Oben angekommen halten Sie inne und bleiben neugierig abwartend und in absoluter und bedingungsloser Liebe zu sich selbst stehen.
Nun kommt eine große Schar von Engeln, um Sie in Empfang zu nehmen. Sie spüren dass die Engel sich unendlich über Ihr Erscheinen freuen und Sie unendlich lieben.
Die Engel führen Sie ein Stück weiter bis zu einem goldenen Tor, welches von rosa Rosen umwachsen ist. Hinter diesem Tor befindet sich ein Weg der ringsherum von bunten Blumen umgeben ist. Über Ihnen erstrahlt die Sonne an einem klaren blauen Himmel und wärmt Sie auf angenehmste Art und Weise.
Jetzt gehen Sie den Weg entlang. Etwa nach der Hälfte des Weges sehen Sie auf einer Lichtung eine bunte Blumenwiese auf der friedliche Tiere spielen. Sie betreten die Wiese und die Tiere kommen auf Sie zu. All diese Tiere liebkosen Sie und zeigen Ihnen, wie sehr sie Sie lieben und wollen mit Ihnen schmusen, toben und spielen. Genießen Sie das Spiel mit den Tieren und bleiben Sie dort so lange Sie mögen.

Nun gehen Sie den Weg weiter bis zum Ende. Am Ende des Weges befindet sich ein wunderschöner Tempel, der von zwei Engeln bewacht wird. Das ist der Tempel der Liebe. Die Engel lächeln Sie liebevoll an und öffnen Ihnen die Tür zum Tempel und Sie treten ein.

Der Gang, den Sie nun entlang gehen ist hell beleuchtet und mit einem gemütlichen Teppich ausgelegt. Sie gehen beschwingt vorwärts und gelangen in einen Raum mit drei Türen. Vor jeder dieser Türen steht ein liebevoll blickender Engel. Einer der Engel öffnet Ihnen nun die Tür zum ersten Raum und Sie treten ein.

Hinter dieser Tür treffen Sie auf Ihre Eltern, die Sie voller Liebe in den Arm nehmen und Sie begrüßen. Sie sagen Ihnen, dass es Ihnen leid tut, so viele falsche Glaubenssätze in Ihnen verankert zu haben, aber sie haben stets ihr Bestes gegeben und wollten Ihnen damit immer nur Gutes tun, auch wenn sich dies im Ergebnis leider nicht immer positiv auf Ihr Leben ausgewirkt hat. Das tut Ihren Eltern unendlich leid.

Jetzt betritt Erzengel Michael den Raum und Sie spüren die unendliche Liebe dieses wundervollen Erzengels. Er trennt jetzt mit seinem Flammenden Schwert alle Bänder der Angst und der Negativität, die zwischen Ihnen und Ihren Eltern bestehen, so dass nur das Band der Liebe und die gelernten Lektionen bleiben.

Als nächsten sehen Sie wie Erzengel Michael alle falschen Glaubenssätze, die in Ihrer Seele gesetzt worden sind, herauszieht und in reines göttliches Licht und Liebe verwandelt.

Nachdem Erzengel Michael seine Arbeit abgeschlossen hat verabschieden Sie sich von Ihren Eltern und lassen alle Gefühle zu, die jetzt zu Ihnen kommen möchten. Wenn dabei Tränen fließen, ist dies ein sehr gutes Zeichen, denn dadurch kann jede negative Energie von Ihnen abfließen und Ihr Herz sich vollkommen öffnen.

Nach dem Abschied haben Sie Ihren Eltern vollkommen vergeben und verlassen den Raum mit einem Gefühl von vollkommener Liebe.

Jetzt sind Sie wieder im Vorraum und Ihnen wird der zweite Raum geöffnet. Hinter der zweiten Tür befindet sich ein riesengroßer Spiegel, vor dem Sie nun vollkommen nackt stehen.

Dieser Spiegel ist ein besonderer Spiegel, denn er zeigt Ihnen Ihr wahres Ich und die unendliche Schönheit Ihrer Seele. Verweilen Sie vor diesem Spiegel einige Augenblicke und genießen Sie sich selbst und die unendliche Schönheit und Perfektion in Gottes Werk und Schöpfung.

Jetzt verlassen Sie den zweiten Raum und gehen

wieder zurück in den Vorraum. Ihnen wird nun die dritte Türe geöffnet und Sie treten ein.

Hinter der dritten Tür befindet sich ein wunderschöner Raum, der mit rosa Rosen ausgeschmückt ist.

Zu Ihnen kommt jetzt eine riesige Schar von kleinen Engeln, die alle von einer rosa Aura umgeben sind. Das sind die Engel der Liebe.

Sie lassen nun rosafarbenes Licht durch Ihren Körper, Ihren Geist und Ihre Seele hindurchströmen und öffnen Ihr Herzchakra auf sanfte und liebevolle Weise.

Nachdem das abgeschlossen ist verlassen Sie den dritten Raum. Sie lieben sich jetzt selbst vollkommen und gehen wieder mit einem offenen Herzen durch Ihr von heute an neues Leben.

Sie verlassen nun den Tempel wieder, gehen den Weg zurück und die Treppe hinunter. Nun atmen Sie tief durch, recken und strecken Sie sich. Sie sind wieder ganz bei sich im Hier und Jetzt mit einem vollständig neuem Bewusstsein.

8. Nehmen Sie sich noch einige Augenblicke Zeit, damit sich das Erlebte in Ihnen verankern kann und lauschen Sie den wundervollen Botschaften der Engel, die jetzt zu Ihnen kommen möchten.

Der Weg in die Selbstliebe

Lieben Sie zuerst sich selbst, das haben Sie wahrscheinlich schon sehr oft gehört und es vielleicht ganz schnell wieder beiseite gelegt. Viele Menschen leben in der falschen Vorstellung, dem falschen Glaubensmuster, dass wir alles mögliche für andere tun müssen, andere stets über uns selbst stellen müssen, uns selbst hinten anzustellen haben, uns aufopfern oder sogar aufgeben müssen, um von anderen Menschen geliebt zu werden. Allerdings, wenn Sie das glauben, dann werden Sie immer Opfer sein, denn dies hat nichts mit LIEBE zu tun!

Mit genau diesem Irrglauben möchte ich an dieser Stelle ganz aufräumen. Dies ist so unendlich wichtig, weil wir die vollkommene Selbstliebe für das goldene Zeitalter dringend brauchen. Sie wünschen sich wahrscheinlich, wie fast jeder Mensch, einen wundervollen Partner, der Sie glücklich macht?! Wenn die Antwort ja sein sollte und Sie noch in der Illusion leben, dass man sich Liebe erarbeiten oder sogar erkämpfen muss, haben Sie an Ihrem Glaubensmuster zu arbeiten. Kein Mensch im Außen kann Sie wirklich glücklich machen oder hat diese Aufgabe - nein ganz im Gegenteil! Der erste Schritt zur Selbstliebe ist, dass Sie lernen sich selbst glücklich zu machen und sich auf gar keinen Fall von irgendwelchen äußeren Faktoren abhängig zu machen oder sogar anderen Menschen gefallen zu wollen wie ein Labrador. Die Engel sagen, dass wir Menschen jeden Tag gut für unser eigenes Wohl sorgen sollten. Dementsprechend beinhaltet der Weg in die spirituelle Meisterschaft natürlich auch die Muster von Abhängigkeit und Selbstaufgabe aufzulösen. Der einzige Mensch, dem Sie wirklich gefallen **müssen**, sind Sie selbst!

Sollten Sie zum Beispiel um etwas gebeten werden, was Ihnen widerstrebt, sagen Sie nicht um der anderen Person zu gefallen einfach "JA". Schauen Sie, ob Ihnen selbst es gut tut, dies zu tun, es Ihren Überzeugungen wirklich entspricht und wenn nicht, sollten Sie die Bitte des Anderen ganz klar verneinen. Tun Sie dementsprechend nur Dinge, mit denen Sie sich wirklich wohl fühlen und die Sie persönlich glücklich machen! Denken Sie immer daran, dass es um Sie geht! Dazu kann es auch gehören, dass Sie sich von Menschen, die sich gegenwärtig in Ihrem Umfeld befinden, verabschieden müssen, weil diese eventuell dann nicht mehr zu Ihnen und Ihrer Energie passen. Dennoch brauchen Sie sich nicht zu sorgen; wenn Sie sehr gut mit sich selbst umgehen und sich um Ihr eigenes Wohlergehen kümmern, werden Sie automatisch neue Menschen in Ihr Leben ziehen, die gut zu Ihnen sind und Sie genauso annehmen, wie Sie sind. Wenn Sie den beschriebenen Weg gehen, werden Sie sowohl Freundschaften als auch eine Partnerschaft anziehen, die

im absoluten **Ausgleich zwischen Geben und Nehmen** sind und bei denen Sie Ihr Muster des Aufopferns hinter sich lassen können.
Das ist der Weg zu vollkommener Liebe!

Beginnen Sie einfach heute - **hier und jetzt** - zu verstehen, dass Sie und nur **Sie** allein der wichtigste Mensch in Ihrem Leben sind! Alle anderen Menschen stehen in Wahrheit neben Ihnen, aber niemand zu keiner Zeit steht über oder unter Ihnen. Sie sind der wichtigste Mensch in Ihrem Leben, auch wenn Sie bisher anderes über sich selbst gelernt haben. Beginnen Sie heute umzudenken und konzentrieren Sie sich auf sich selbst.

„Liebe Deinen Nächsten" hat rein gar nichts damit zu tun, sich für den anderen aufzuopfern, alles für andere Menschen zu tun oder gar sein letztes Hemd zu geben, wie es im Märchen einst das Sterntaler tat. Nein - ganz im Gegenteil, es gibt nämlich noch den wichtigen Nachsatz „**wie Dich selbst**", der leider sehr gerne vergessen wird. Somit bedeutet dieser wundervolle Satz, den Jesus Christus uns lehrte nicht anderes, als „liebe zuerst Dich selbst", denn nur wenn Sie sich selbst wahrhaft lieben, sind Sie auch in der Lage andere Menschen wirklich so zu lieben und anzunehmen, wie sie sind. Dann sprechen wir von der bedingungslosen Liebe!

In Wahrheit ist es ganz einfach! Wenn wir Menschen uns selbst vollkommen lieben, können wir gar nicht anders, als unser Leben zu lieben und die Menschen um uns herum zu lieben denn nach dem Gesetz der Entsprechung, spiegelt unser Umfeld immer genau das, was wir in uns selbst tragen. Mehr zum Gesetz der Entsprechung und zu den sieben göttlichen Gesetzen können Sie in meinem Buch „Zur wahren Liebe durch die Kraft der Engel" nachlesen.

Das bedeutet Sie bekommen von den Menschen in Ihrem Umfeld immer genauso viel Liebe, wie Sie sich selbst geben. Wenn Sie also vollkommen in der Selbstliebe sind, werden Sie auch nur Menschen in Ihrem Umfeld haben, die Sie vollkommen lieben und dementsprechend werden Sie automatisch auch alle Menschen in Ihrem Umfeld lieben. Das Prinzip ist, wie gesagt, ganz leicht und einfach, lieben Sie sich selbst, dann werden Sie geliebt und werden auch Ihren Nächsten automatisch nur noch lieben können.

Echte Spiritualität – was dies bedeutet

Echte Spiritualität hat nicht nur mit Hellsehen zu tun oder damit Heiler zu sein. Sie beginnt vielmehr schon an der Stelle, wenn Sie beispielsweise einer älteren Dame über die Straße helfen. Außerdem kann es sein, dass Sie einfach mal das Bedürfnis verspüren einem Obdachlosen etwas zu Essen zu kaufen. Diese zwei Beispiele verdeutlichen, wie der Himmel die spirituelle Meisterschaft sieht. Dabei geht es um echte Herzensgüte!

Natürlich sollten Sie nicht meinen, dass Sie zu solchen Dingen verpflichtet sind. Beim wahren spirituellen Meister ist der innere Antrieb dazu diese Dinge zu tun, Liebe und nicht Pflicht!

Durch diese und ähnliche Handlungen des Lichtbewusstseins, wachsen automatisch auch Ihre spirituellen Talente, aber wie gesagt, nur wenn Sie aus dem Antrieb Ihres Herzens und ohne Erwartungen und Bedingungen handeln, also in wahrer Liebe! Auf diese Weise kann jeder Mensch in der heutigen Zeit sein spirituelles Wachstum ganz weit nach vorne bringen. Sie alle müssen wissen, was die Welt braucht, ist **Liebe**!

Wir alle leben in einer wundervollen und großartigen Zeit, dies kann ich gar nicht oft genug betonen! Es war noch nie so leicht wie heute die spirituelle Meisterschaft zu erlangen. Gott gibt uns so viele Chancen dazu, wie noch in keiner Zeit zuvor.

Meine Lebensaufgabe ist es, göttliches Licht zu den Menschen zu tragen und Menschen zu lehren mit den Engeln und allen Wesen des Lichtes zu kommunizieren und Heilungen zu vollziehen.

Dementsprechend ist es mir überaus wichtig, dass meine spirituellen Seminare, die ich seit einigen Jahren in ganz Deutschland gebe, auch Ihre persönliche spirituelle Meisterschaft voranbringen.

Die Schritte zum Aufstiegsprozess

Schritt eins ist Dankbarkeit

Leider ist es momentan so, dass die Engel viele Menschen sehen, die das Thema Dankbarkeit vergessen haben. Viele Menschen haben leider vergessen oder verlernt, wie wundervoll es ist, dass sie dieses Leben von Gott geschenkt bekommen haben und wieviel Gutes ihnen an jedem Tag ihres Lebens zuteil wird. Dies war für uns alle als wir Kinder waren ganz selbstverständlich, diese Dankbarkeit zu leben und in Freude und Entzücken auszudrücken. Ich möchte Sie an einen wichtigen Satz von Jesus Christus erinnern: „Seiet unschuldig wie die Kinder, denn ihnen gehört das Himmelreich!" Kinder freuen sich einfach am eigenen Sein, und sind dankbar für alles Gute, dass Ihnen geschenkt wird.

Die Erde ist im gesamten Kosmos der Planet, auf dem man am leichtesten und schnellsten lernt. Dies wird auch im neuen Zeitalter so bleiben, nur wird es dann noch viel leichter sein. Wie schon gesagt, sind die Chancen auf dieser Erde spirituell zu wachsen heute so groß wie noch nie.

Im Himmel ist so, dass unglaublich viele Seelen wirklich Schlange stehen um auf unseren schönen Planeten kommen zu dürfen. Die Erde ist für jede Seele etwas ganz besonderes, denn sie steht an der Spitze des Universums!

In Atlantis erhielten die Menschen, wie gesagt das erste Mal einen physischen Körper. Dies hatte das Ziel festzustellen ob Menschenseelen auch in einem physischen Körper mit der göttlichen Quelle verbunden bleiben können.

Die Atlanter waren erfüllt von großer Freude, Ehrfurcht und Dankbarkeit darüber, wie viele wundervolle Möglichkeiten, sie jetzt durch ihren wunderschönen menschlichen Körper hatten. Durch diesen materiellen Körper konnten Sie auf einmal Sinnerfahrungen, wie den Genuss von Speisen und Getränken, sowie Sexualität und vieles mehr erleben.

Wir alle sollten mal mit Bewusstsein zurückschauen auf diese Zeit! Dadurch erhalten wir die Möglichkeit wieder zu erkennen, welches wundervolle Geschenk unser menschlicher Körper ist. Ohne ihn könnten wir schließlich so viele Dinge, die wunderschön sind, nicht erleben! Es wäre doch unendlich schade, wenn wir keine Umarmung und keinen Kuss eines anderen Menschen mehr fühlen könnten!? Dies und noch viel mehr ist nur möglich, weil unser wundervoller Schöpfer uns einen physischen Körper schenkte!

Wie es auch bei uns heute noch stattfindet war es auch zu atlantischen Zeiten so, dass die Bewohner von Atlantis vor ihrer Inkarnation auf dieser Erde von Erzengel Gabriel den Daumen in die Fontanelle gelegt bekamen, so dass ein *Vergessen* eintrat, denn auch sie sollten nicht wissen, was vor ihrem Erdenleben war. Dennoch kann man sagen, dass die Atlanter erfüllt waren von tiefer und echter Dankbarkeit für ihr Leben in einem physischen

Körper. Sie wussten eben nicht, dass sie noch keinen physischen Körper hatten, denn wie bereits erklärt, ließ Erzengel Gabriel es sie vergessen.

Beispielsweise waren sie zutiefst dankbar dafür, dass sie ausreichend zu Essen hatten und dafür dass fließendes Wasser vorhanden war. Ebenso waren sie unendlich dankbar, dass sie Dinge berühren konnten, wie zum Beispiel einen Baum oder eine Blume, wodurch sie mehr als je zuvor die Energie der Natur wahrnehmen konnten. Die Atlanter waren dankbar für alle ihre Sinne. Sie konnten auf einmal Gerüche wahrnehmen und diese Welt schmecken, was ihnen ohne einen menschlichen Körper alles nicht möglich war.

Gefühle der Trauer waren den Atlantern ebenso wichtig wie Gefühle von großer Freude. Sie waren einfach erfüllt von echter Dankbarkeit für all die Gefühlsmöglichkeiten, die ihnen ihr wundervoller Körper mitgebracht hatte. Sehr schnell bemerkten die Bewohner von Atlantis, umso dankbarerer ein Mensch war, desto mehr Gutes zog er magisch in sein Leben. Dankbarkeit war schon immer der Schlüssel zu den Schätzen des Universums!

Je häufiger die Menschenseelen durch verschiedene Inkarnationen auf diese Erde kamen, umso mehr trat leider eine Gewöhnung an das Erdenleben ein. Dieses Gefühl von Gewohnheit ist bei vielen Menschen mittlerweile so groß, dass sie die Wunder des Lebens noch nicht einmal mehr wahrnehmen. Es ist alles viel zu selbstverständlich geworden.

In der Folge hat sich über die Zeiten die Energie der Menschen immer weiter verdichtet und sie haben sich von Gott entfernt und somit auch von sich selbst. Dadurch ist es heute so, dass nur noch wenige Menschen die wahre Welt um sich herum und die himmlischen Wesen wahrnehmen können. Denn wenn wir uns von Gott entfernen, verschließen sich auch unsere Wahrnehmungskanäle. Aufgrund dessen finden sich in der heutigen Zeit, wenige Menschen, deren helle Talente geöffnet sind, weil sie die Verbindung zu Gott nicht verloren haben. Mehr zu den hellen Talenten und wie Sie diese reaktivieren können lesen Sie in meinem Buch „Engel-Energie-Master-System"!

Es ist überaus wichtig, dass wir in Vorbereitung auf das neue goldene Zeitalter auf unserer Erde lernen, diese Kanäle wieder zu öffnen. Echte Dankbarkeit ist dafür der erste Schlüssel.

Wir müssen bedenken, dass wir selbst Schöpfer unserer Realität sind. Jeder Gedanke, den wir denken, erzeugt unserer Gefühle und dadurch entstehen immer Symbole in unserer Aura und im Äther unseres Planeten. Diese Symbole wachsen umso länger wir unsere Gedanken aufrecht halten heran und werden dann zu unserer Realität. Wenn Sie aber diese Gedanken nur mal kurz denken und nicht weiter aufrecht halten, dann lösen sich die benannten ätherischen Symbole wieder auf.

Manchmal ist die Energie der menschlichen Gedanken so stark und zwar immer dann wenn diese sehr positiv und voller Dankbarkeit sind, dass sie vollkommene geometrische Formen bilden, die dann tatsächlich als

Schlüssel dienen. Diese Schlüssel öffnen die Pforten zum Überfluss des Himmels und dadurch zu innerem und äußerem Reichtum. Dankbarkeit ist neben anderen Aufstiegsenergien, wie Liebe in Bedingungslosigkeit, Gottvertrauen und Glauben eine solch strahlende Energie, dass diese in der Lage ist diese Schlüsselsymbole zu kreieren. Wenn unsere Gedanken den göttlichen Gedanken entsprechen, wir also wahrhaft in Resonanz mit dem Himmel stehen, überschüttet uns das Universum mit Geschenken, wie Reichtum, Liebe und allem, was unsere Herzenswünsche sind. Also umso mehr Dankbarkeit Sie aussenden, umso mehr öffnen Sie sich für die himmlischen Geschenke und erlauben dem Himmel Sie reich zu beschenken. Diese tiefe Dankbarkeit wieder in sich zu entdecken gehört also zu den Aufstiegsenergien, die sich auf die ganze Erde ausweiten und ausdehnen. Ihre persönliche Dankbarkeit wirkt sich somit auf unseren gesamten Planeten aus und unterstützt ihn.

Das Prinzip dahinter heißt ganz einfach wie **Unten so Oben** oder auch wie **Innen so Außen**. Ihre Außenwelt spiegelt Ihnen immer Ihre innere Einstellung. Schauen Sie mal wie viel Freude es Ihnen macht, wenn Sie einem Kind ein Geschenk machen und es dann vor Freude strahlt. Was passiert dann in Ihnen? Sie werden die Freude ebenso wahrnehmen und das Bedürfnis haben diesem Kind bei der nächsten Gelegenheit erneut etwas zu schenken. Die Frequenz dieser Freude ist sogar so stark, dass sie Ihr gebendes Herz erreicht und Sie die gleiche Freude wie dieses Kind in sich spüren.

Das Prinzip der göttlichen Quelle, auch Universum genannt, ist dem sehr ähnlich. Wenn Sie erfüllt sind von echter Dankbarkeit, dann kommt automatisch mehr davon in Ihr Leben. Denn wie Sie bei dem Kind eine riesige Freude haben diesem Kind wieder etwas zu schenken, um diese Reaktion noch mal zu erleben und diese Freude zu spüren, so ist es auch beim Universum. umso dankbarer Sie sind umso mehr werden Sie bekommen. Das Universum steht voll auf Dankbarkeit!

Wenn Sie eine neue Arbeitsstelle haben möchten, seien Sie einfach dankbar aus tiefstem Herzen für Ihre jetzige Anstellung anstatt immer nur den negativen Anteil zu sehen.

Wenn Sie mehr Geld, also finanzielle Fülle, Reichtum und Wohlstand erschaffen möchten, seien Sie wiederum von Herzen dankbar für alles, was Sie sich im Hier und Jetzt bereits leisten können. Seien Sie dankbar für jeden Euro, den Sie verdienen und auch für jede Rechnung, die Sie bezahlen können. Wenn Sie dankbar sind für alles, was schon da ist, anstatt sich immer wieder auf die lästigen Sorgen zu konzentrieren werden Sie mehr davon, wofür Sie dankbar sind magnetisch anziehen. Bedenken Sie auch umgekehrt ist es so, wenn Sie Ihre Gedanken immer wieder auf die Sorgen ausrichten, so speisen Sie diese Energie und werden mehr Sorgen erschaffen. Ich bin dankbar dafür, dass Sie gerade diese Sätze gelesen haben und sich ab sofort ein wundervolles und positives Leben erschaffen werden.

Seien Sie froher Hoffnung, denn auch dies müssen Sie natürlich nicht alleine schaffen. Erzengel Gabriel und

Erzengel Chamuel sind die Erzengel, die Ihnen gerne dabei helfen dies zu erlernen. Bitten Sie einfach Erzengel Chamuel darum, dass er Ihr Herz so stark ausdehnt, dass Sie automatisch in die Frequenz dieser tiefen Dankbarkeit hineingelangen. Bitten Sie außerdem Erzengel Gabriel darum, dass er die Frequenzen Ihres Wurzelchakras und Sakralchakras auf die fünfte Dimension emporhebt. Dann werden Sie sich automatisch sicher und geborgen fühlen und vertrauen. Dies wird von ganz allein Ihre Bereitschaft zu echter und aufrichtiger Dankbarkeit stärken.

Übung – Visualisierung der Dankbarkeit

1. Suchen Sie sich einen Platz aus, an dem Sie vollkommen ungestört sein können. Bereiten Sie diesen Ort vor, indem Sie ein paar Blumen hinstellen und eine Kerze anzünden.

2. Setzen Sie sich mit geradem Rücken hin, nehmen Sie sich einfach eine Zeit der Stille und atmen Sie vollkommen ruhig und gleichmäßig, mit der Intention sich klar zu werden, für was Sie dankbar sein dürfen.

3. Stellen Sie sich vor, wie dicke grüne Wurzeln aus Ihren Füßen tief in Mutter Erde hinein wachsen.

4. Rufen Sie Erzengel Michael an und bitten Sie ihn darum, dass er Sie in ein königsviolettes Schutzschild aus Licht einhüllt, so dass nur reine Energien von Gottes Liebe zu Ihnen durchdringen können.

5. Bitten Sie Erzengel Chamuel darum rosafarbenes Licht in Ihr Herz zu senden, so dass Ihr Herz von der Energie reiner Liebe berührt wird.

6. Stellen Sie sich nun vor, dass Sie sich an einem Ort, den Sie lieben, befinden. Die Sonne scheint und Sie entdecken einen Weg, auf dem Sie in vollkommener Ruhe und Entspannung entlang gehen.

7. Auf dem Weg begegnen Sie einem unbekannten Menschen, dies kann ein Mann oder eine Frau sein, ganz egal. Sie schenken diesem Menschen nun ein Lächeln. Sie sind vollkommen dankbar dafür, dass Ihnen dieser Mensch begegnet ist.

8. Auf einem Ast sehen Sie eine Lerche sitzen, die singt. Hören Sie dem fröhlichen Gesang des Vogels einige Augenblicke zu und genießen ihn. Sie sind dankbar für den Gesang dieses wundervollen Geschöpfes.

9. Sie hören das Bellen eines Hundes. Sie verstehen was er Ihnen Liebevolles mitteilen möchte und sind vollkommen dankbar dafür.

10. Sie sehen einen wunderschönen Bach und tauchen Ihre Füße hinein. Sie erkennen, dass dieser Bach den Fluss der Liebe Gottes symbolisiert und sind dankbar dafür.

11. Sie spüren den Sand unter Ihren Füßen, ganz weich und angenehm fühlt es sich an. Sie spüren die wundervolle Energie von Mutter Erde und Sie sind dankbar dafür.

12. Sie sehen einen Baum, der Sie magisch anzieht. Sie gehen zu dem Baum und umarmen ihn. Ihnen wird bewusst dass die Wurzeln der Bäume die ganze Welt vernetzen und Sie sind dankbar dafür.
13. Sie blicken nun in den Himmel und danken Gott für das gesamte Universum.
14. Nehmen Sie sich noch so viel Zeit wie es Ihnen beliebt für Ihre Dankbarkeit und dann öffnen Sie Ihre Augen.

Schritt zwei ist Güte und Herzensliebe

Es gibt viele Wahrheiten und Wege, die zum Aufstieg führen. Die Engel sprechen hier aber von einem Weg, der alle anderen deutlich übertrifft. Die Engel sprechen beim Weg der Güte und Herzensliebe von der Grundlage allen Seins und von der göttlichen Essenz aus der alles geschaffen wurde.

Für das neue goldene Zeitalter Aurora, das auf unserem wundervollen Planeten im Jahr 2032 vollständig vorhanden sein wird, ist es unendlich wichtig, diesen Weg kennenzulernen, sagen die Engel, um den Aufstiegsprozess jeder Seele voranzubringen. Auf diesem Weg begleiten Sie die Engel des Friedens, der Liebe und der Freude. Diese wundervollen Wesen werden Sie sinnbildlich auf Ihren Flügeln in die Lüfte heben, wenn Sie sich diesem wundervollen Weg öffnen möchten.

Selbstverständlich gibt es viele Menschen, die noch nie von Engeln oder vom Aufstieg gehört haben und dies wissen die göttlichen Wesen auch ganz genau. Dennoch können natürlich auch diese Menschen, ohne sich je mit diesen Themen auseinanderzusetzen es schaffen aufzusteigen und viele haben es schon geschafft. Dies ist ganz einfach dadurch geschehen, indem diese Menschen den Weg der Güte und Herzensliebe wahrhaftig gelebt haben.

Viele dieser Menschen leben eher ärmlich und alles, was sie haben teilen sie sehr gerne mit anderen. Sie freuen sich ganz einfach darüber, dass sie anderen eine Freude machen können. Diese Menschen sind dementsprechend so sehr in der Herzensliebe, dass ihre spirituelle Entwicklung ganz einfach von selbst voranschreitet und zwar ohne, dass sie sich je mit Themen, wie Aufstieg oder des sechste goldenen Zeitalters beschäftigt hätten. Diese Herzensmenschen steigen von ganz alleine in die 5. Dimension auf. Es ist wundervoll zu sehen, wie diese Menschen die Welt bereits jetzt zu einem wesentlich schöneren Ort machen.

Echte Herzensgüte, die aus dem Inneren kommt, ist somit der wichtigste Weg zum Aufstieg. Gehen Sie nicht einfach an Menschen vorbei, die Ihre Hilfe brauchen, sondern folgen Sie Ihrem Herzen. Dadurch sind Sie Ihrem spirituellen Aufstieg ins Licht dann sehr nahe. Der Himmel wird Sie sehr gerne dabei unterstützen.

Schritt drei ist das Gesetz von Vergebung und Mitgefühl

Für das göttliche Gesetz von Vergebung und Mitgefühl ist Erzengel Zadkiel zuständig. Er hilft Ihnen sehr gerne dabei, diesen Weg, der überaus wichtig für Ihren Aufstieg ist, zu gehen. Dieser dritte Schritt ist eng verbunden mit der Herzensliebe. Ein Herz, welches von wahrer Liebe erfüllt ist, ist immer auch erfüllt von Mitgefühl, dadurch wird es auch so sein, dass man automatisch die Kunst der Vergebung erlernt.

Es handelt sich hier um **Engelhafte** Eigenschaften, die in Form von bedingungsloser Liebe gelebt werden. Da dies essentielle Bestandteile des Christusbewusstseins sind, hilft Ihnen neben Erzengel Zadkiel auch Erzengel Christiel dabei, diese Eigenschaften in sich zu verankern.

Wenn Sie das göttliche Gesetz der Vergebung und des Mitgefühls in sich verankern, dann werden Sie im wahrsten Sinne des Wortes mit der Christusenergie verschmelzen.

Es geht außerdem darum liebevoll mit allen Lebewesen umzugehen. Als Teil des Aufstiegsprozesses wünschen die göttlichen Wesen sich von uns Menschen, dass wir diese wundervollen Eigenschaften des offenen Herzens in uns integrieren.

Im neuen goldenen Zeitalter Aurora wird es so sein, dass Mitgefühl und Vergebung einen Hauptteil des Lebens ausmachen. Wenn Sie dieses Gesetz erlernen, werden Sie erfüllt von Euphorie und Freude auf der Erde sein. Es entsteht dann in der 5. Dimension ein neues kollektives

Selbstbewusstsein, allein dadurch, dass jedes Wesen so geliebt wird, wie es ist.

Menschen und Tiere werden endlich friedlich und harmonisch miteinander leben. Dieses wundervolle idyllische Leben ist bereits sehr nah, da die Umwandlung der Erde in das sechste goldene Zeitalter bereits im Jahr 2032 abgeschlossen sein wird. Indem wir dieses Gesetz schon jetzt leben, können wir alle bereits hier und heute Teil des sechste goldenen Zeitalters auf Mutter Erde mit dem Namen Aurora sein.

Ein Teil des ganzen Entwicklungsprozesses ist wie gesagt, alle Wesen genau so zu akzeptieren, wie sie sind. Steigen Sie aus aus Bewertungen oder sogar Verurteilungen, dann sind Sie der goldenen Zeit einen riesengroßen Schritt näher gekommen.

Erzengel Zadkiel und Erzengel Christiel übermittelten mir folgende sehr wichtige Übung für Sie, die Ihnen hilft die Eigenschaften von Vergebung und Mitgefühl in Ihnen zu verankern. Sie erhalten eine dazugehörige Meditation zum Download in meinem Shop.

Übung: Vergebung und Mitgefühl entwickeln

1. Begeben Sie sich an einen Platz, an dem Sie garantiert ungestört sind und an dem Sie einfach mal die Energie von Stille genießen können.

2. Stellen Sie sich vor, dass dicke grüne Wurzeln aus Ihren Füßen in die Erde wachsen und Sie mit Mutter Erde verbinden.

3. Rufen Sie die Erzengel Zadkiel und Christiel an.

4. Bitten Sie diese Erzengel darum, dass sie das göttliche Gesetz von Vergebung und Mitgefühl in Ihnen und Ihren hohen Chakren integrieren

5. Rufen Sie Erzengel Jophiel an.

6. Bitten Sie Erzengel Jophiel, dass er Ihr Kronenchakra in die 5. Dimension anhebt

7. Rufen Sie Erzengel Raphael an.

8. Bitten Sie Erzengel Raphael Ihr drittes Auge fünfdimensional zu verankern.

9. Rufen Sie Erzengel Michael an.

10. Bitten Sie ihn, Ihr Kehlchakra in die 5. Dimension anzuheben.

11. Rufen Sie Erzengel Chamuel an.

12. Bitten Sie Erzengel Chamuel darum, dass er Ihr Herzchakra in die 5. Dimension anhebt.

13. Rufen Sie Erzengel Uriel an.

14. Bitten Sie ihn darum, dass er Ihr Solarplexuschakra in die 5. Dimension anhebt.

15. Rufen Sie Erzengel Gabriel an.
16. Bitten Sie Erzengel Gabriel Ihr Sakralchakra und Ihr Basischakra in die 5. Dimension anzuheben.
17. Bitten Sie nun darum, dass alle Ihre 12 Chakren hell leuchten und nehmen Sie sich Zeit dieses Leuchten wahrzunehmen.
18. Rufen Sie nun die Einhörner an Ihre Seite.
19. Bitten Sie die Einhörner Ihre Chakren zu berühren.
20. Sehen Sie, wie die Einhörner alle Ihre Chakren in einer Säule aus Licht vereinigen.
21. Recken und strecken Sie sich und öffnen Sie in Dankbarkeit Ihre Augen.

Aurora ist nah

Gottes Engel sagen deutlich, dass wir alle erfüllt sein sollen, von großer Freude auf die Dinge die da kommen. Die ganze Erde und alle ihre Bewohner steuern mit großen Schritten auf das sechste goldene Zeitalter zu.

Mit dem Verstand können wir es noch nicht ganz greifen, allerdings können wir die Dinge, die da kommen werden, mit Frieden und Vorfreude deutlich im Herzen fühlen. Des Weiteren können Sie, wenn Sie sich der Engelkommunikation öffnen, die Botschaften der Engel hören und sehen. Dann werden Sie erkennen, dass es nichts gibt, vor dem Sie Angst haben müssten, sondern, dass alles was geschehen wird, die reine Liebe Gottes ist!

Gott schickt zur Zeit immer wieder Lichtwellen auf diese Erde und zu allen Lebewesen. Diese Wellen bereiten unseren wundervollen Planeten auf die große Welle der Umwandlung im Jahr 2032 vor.

Die ganze Welt und alle Lebewesen werden in ein neues Bewusstsein gelangen. Die Dualität aus Licht und Schatten wird nicht mehr existieren, sondern es wird so sein, dass nur noch die Liebe, die der Schlüssel zu allem ist, existieren und regieren wird. Vieles von dem, was geschehen wird, ist für jene, die noch nicht in diesem hohen Bewusstsein sind, momentan noch unvorstellbar, aber auch das macht gar nichts. Denn wir alle werden in den nächsten Jahren schrittweise von Gottes Quelle, den Engeln und den aufgestiegenen Meistern dahin geführt diese Veränderungen mit Leichtigkeit annehmen zu können. Es wird großartig!

Laut biblischer Überlieferung heißt es in der Offenbarung des Johannes 21,1 *„Und ich sah einen neuen Himmel und eine neue Erde; denn der erste Himmel und die erste Erde sind vergangen, und das Meer ist nicht mehr."*

Die Engel betonen, dass damit keineswegs gemeint ist, dass es mit unserer Welt zu Ende geht, sondern, dass damit diese Umwandlung, die stattfinden wird gemeint ist.

Wir dürfen an dieser Stelle nicht vergessen, dass die Bibel in Bildern spricht und die Engel übersetzen diesen Satz für uns folgendermaßen:

„Die Erde wird eine Wandlung durchleben, sie wird NEU sein, geprägt von reiner Liebe. Das Meer der Dunkelheit wird von der Erde genommen, so dass nur noch Licht da ist, die erste Erde wird die zweite Erde sein, habt keine Furcht, alles was stattfinden wird, findet auf dieser Erde statt, dennoch wird sie eine Neue sein!"

Wie Sie anhand dessen, was die Engel sagen klar erkennen können, ist es zwar so, wie es in der Offenbarung steht, dass es eine neue Erde geben wird, diese ist jedoch nicht an einem fernen Ort oder auf einem anderen Planeten, sondern genau hier! Unsere Erde wird sich verändern und vollständig verwandeln, so dass sie danach eine neue Erde ist.

Dementsprechend wird sich **alles** verändern. Wir dürfen uns freuen. Ich sehe es als eine große Ehre, in der jetzigen Zeit auf der Erde leben zu dürfen. Es ist ein Geschenk, dass ich diese Wandlung nicht nur miterleben darf, sondern auch den Menschen in meinen Seminaren und Workshops zeigen darf, wie real die Liebe des

Schöpfers jeden Tag an unserer Seite ist.

Gott liebt die Erde, *"...und er sah es war gut"* und er sieht auch heute noch „es ist gut". Die Engel betonen, dass unser Schöpfer uns alle, die wir seine Kinder sind, unendlich liebt und alles daran setzt, dass wir glücklich sind. So wird alles, was für Unfrieden sorgt und was nicht unserem höchsten Wohl entspricht in der Reinigungsphase von unserem Planeten entfernt und durch Licht und Gottes unendliche Liebe ersetzt.

Viele Menschen fragen, ob wir dann noch einen menschlichen Körper haben. Auch hier ist die Antwort sehr einfach. Die Engel sagen, das dürfen wir selbst entscheiden! Unsere Körper sind bereits sehr stark umgewandelt worden und auf die hohen Schwingungen vorbereitet, so dass wir den Aufstieg sowohl in unserem Körper als auch direkt in der Geistigen Welt erleben können. Dementsprechend ist es klar, wir dürfen natürlich unseren physischen Körper behalten, nur wird er dann wesentlich feinstoffllicher und höher in der Schwingung sein. So können wir mit unserem von Gott geschenkten wundervollen Körper diese Energien leicht und einfach verarbeiten.

Der Himmel bereitet alles für uns vor. Lasst uns einfach der göttlichen Quelle **vertrauen**, diese weiß, was gut für uns ist.

Partnerschaften im goldenen Zeitalter

Auch die Partnerschaften im goldenen Zeitalter werden sich verändern. Die Liebe wird vollkommen rein und **bedingungslos** gelebt werden.

Das bisherige Modell, das unsere Eltern und Großeltern gelebt haben, hat seine Gültigkeit endgültig verloren. Zu ihrer Zeit, war eine Partnerschaft gleichzusetzen mit einer *Abhängigkeit*, in der aus jedem Individuum ein „WIR" wurde.

Im Sinne des neuen Bewusstseins ist es in der heutigen Zeit so, dass es nicht mehr in erster Linie um das Wir-Gefühl gehen darf und darum, dass ein Partner Sie oder Sie einen Partner glücklich machen, sondern jeder von

Ihnen ist komplett für sich selbst und somit auch für sein Glück verantwortlich.

Lernen Sie sich selbst glücklich zu machen und genießen Sie eine Partnerschaft ohne jedes Abhängigkeitsmuster, also in kompletter und vollkommener **Freiheit**.

Auch ist es wie schon erwähnt so, dass es im goldenen Zeitalter keine Ausnahme mehr ist, dass Dualseelen sich begegnen, denn es ist so, dass bis zum Jahr 2032 die Dualität gänzlich aufgehoben sein wird und nur noch Licht und Liebe von Gottes höchster Autorität auf unserer Erde existieren werden. Jeder Schatten wird unsere wundervolle Erde bis dahin verlassen haben und es wird **Frieden** sein!

Wer Gott wirklich ist

„Ich bin das – Ich bin..." ist die reine Schöpferkraft und die Liebe Gottes. Es ist die Energie aus der alles entstanden ist. Viele Menschen sehen Gott als eine Person, die irgendwo im Himmel auf einer Wolke sitzt und alles regiert. Durch diese Form Gott zu sehen, wird eine Trennung herbeigeführt, die in Wahrheit nie existiert hat. Gott der Schöpfer im Himmel und wir Menschen auf der Erde - die Engel sagen, dass die Wahrheit eine ganz andere ist.

Gott ist in allem, was existiert also auch in jedem Menschen. Die *ICH-BIN-Schöpferkraft* steckt in jedem von uns. Wenn Sie das Kapitel zur Selbstliebe gelesen und gelernt haben, sich selbst zu lieben, dann werden Sie in dieser Schöpferkraft angekommen sein. Eines dürfen wir nicht vergessen: Schon in der Bibel wurde uns überliefert, dass Gott den Menschen nach seinem Bilde geschaffen hat. Durch diese Tatsache trägt jeder von uns die göttliche Schöpferkraft in seiner Seele. Dies ist mir so wichtig zu betonen, weil ich Ihnen klar machen will, dass Sie ein Teil der Schöpfung sind und das goldene Zeitalter mit erschaffen. Alles worauf Sie Ihre Gedanken und Gefühle ausrichten wird mit Schöpferkraft gespeist.

Wenn Sie beispielsweise in der Zeitung oder im TV Bilder über kriegerische Handlungen sehen, dann sollten Sie sich mit Ihren Gedanken und Gefühlen nicht gegen den Krieg stellen, denn damit würden Sie die Energie des Krieges automatisch stärken. Sie sollten das Gegenteil tun! Senden Sie den Menschen und dem Gebiet aus Ihrem Herzen Liebe und richten Sie Ihre Gedanken auf Frieden und Heilung aus. Schicken Sie die Engel dahin, zünden Sie für diese Menschen eine Kerze an oder sprechen Sie ein Friedensgebet. Sie können sicher sein, dass Ihre Energie immer ankommen wird, denn Gott ist auch in Ihnen. Unser wundervoller Schöpfer wirkt durch alle Menschen - natürlich auch durch Sie!

Gott lässt sich im Grunde genommen mit zwei Worten beschreiben – **BEDINGUNGSLOSE LIEBE!** Diese zwei Worte drücken alles aus, was Gott in Wahrheit ist. Er liebt alle Menschen, die er geschaffen hat, absolut. Demzufolge sollten Sie keinen Gedanken an einen strafenden Gott verschwenden, sondern sich darauf konzentrieren, wie sehr Sie von ihm geliebt werden - ganz genauso wie liebende Eltern ihre Kinder lieben. Eben dies meinte Jesus Christus als er sagte, wir sollen unseren Schöpfer Vater nennen, denn wir alle sind Gottes Kinder!

Da Gott reine Liebe ist, müssen Sie sich auch vor nichts fürchten. Auch wenn es Menschen gibt, die behaupten, dass es mit dieser Erde zu Ende ginge oder die Menschheit vernichtet würde, ist es dem Himmel über die Maßen wichtig, dass Sie wissen, dass die Wahrheit eine ganz andere ist. Die Engel haben mir verraten, dass diese Menschen, nicht mit den Wesen des Lichts kommunizieren, sondern mit niederen Wesenheiten, die es in Zukunft nicht mehr auf Mutter Erde geben wird. Es gibt nichts, vor dem Sie Angst haben müssen.

Gott erschafft in diesem Moment für uns eine neue Welt. Diese neue Welt ist aber, wie bereits erwähnt kein ferner Ort, sondern eine neue Epoche, die sich Aurora nennt und als sechstes goldenes Zeitalter bezeichnet wird.

Es ist ganz einfach zu belegen, dass dieser Prozess aktuell hier auf unserem blauen Planeten stattfindet. Sie wissen ja nun schon, dass es bereits fünf goldene Zeitalter gab. Alle diese Zeitalter von Angala bis Atlantis haben hier auf Mutter Erde stattgefunden. Demzufolge ist es doch vollkommen logisch, dass auch das sechste goldene Zeitalter auf Mutter Erde sein wird.

Ich möchte betonen, dass diese Botschaften direkt von Gott kommen. Die Engel sind schließlich die direkten Boten zwischen Gott und uns Menschen und alles, was sie uns sagen kommt immer von Gott. Sie geben dies klar und unverfälscht an uns weiter.

Einige Menschen sagten zu mir: „Man kann doch alles jetzt Gott machen lassen, für Frieden beten muss man nicht, dies entfernt uns doch von Gott."

Was halten Sie von dieser Aussage? Ich sage Ihnen was die Engel und an dieser Stelle Erzengel Metatron dazu sagt:

„Geliebte Menschenseelen, wir Engel sind bei Euch und wir beten gerne mit Euch zu Gott Eurem Vater und Schöpfer!

Du bist ein Mensch, nach Gottes Bilde erschaffen und trägst die Macht in Dir alles zu erschaffen und neu zu kreieren! Gott nimmt Dir nicht die Eigenverantwortung, sondern er hat Dir einen Freien Willen geschenkt!

Ihr Arbeiter des Lichts seid gefordert zu beten, jedes Wort ist ein Gebet. umso mehr Menschen sich in Liebe vereinen, um für den Frieden in der Welt zu beten, desto mehr können sie erreichen. **Du bist groß!** *Du bist ein Schöpfer! Du hast Macht! Setze Deine Macht ein, um die Erde zu verändern. Mein Name ist Erzengel Metatron, ich bin die Stimme Gottes und Dein Schöpfer möchte dass Du betest. Jedes Gebet kommt an, jedes Gebet wird gehört und beantwortet. Geliebte Lichtarbeiter macht weiter damit, die Liebe zu verbreiten und für den Frieden zu beten.*

In Liebe Erzengel Metatron".

Ich persönlich liebe die Botschaften der Engel, denn sie drücken immer sehr klar aus, was zu tun ist. Sie entscheiden natürlich immer selber, was Ihre Wahrheit ist, dennoch möchte ich Sie animieren täglich für den Frieden zu beten.

Gott ist wie gesagt reine Liebe. Er möchte, dass wir beten. Dadurch erkennen wir unsere *ICH-BIN-Gegenwart* und unsere Schöpferkraft.

Wie bereits erklärt ist Gott die *ICH-BIN-Gegenwart*, die gleichzeitig die größte Schöpferkraft ist. *ICH-BIN-Gebete* wiederum sind die höchste Form der Affirmation. Diese Gebete helfen uns mit unserem höheren Selbst zu verschmelzen. Erzengel Raziel offenbarte mir die folgenden *ICH-BIN-Affirmationen*, die ich Ihnen sehr gerne weitergeben möchte:

- **ICH BIN bedingungslose Liebe**
- **ICH BIN reine Lebensfreude**
- **ICH BIN das goldene Zeitalter**

Diese *ICH-BIN-Affirmationen* haben das Ziel, Sie Ihrem wahren und göttlichen Selbst näher zu bringen.

Die Dunkelheit besiegen

Im sechsten goldenen Zeitalter wird auf Mutter Erde die Dualität von Licht und Schatten verschwunden sein. Es wird eine neue Dimension des Lichtes entstehen. Natürlich war diese Form der Dualität erst einmal notwendig. Wir haben den Schatten gebraucht, um das ihm entgegengesetzte Licht zu erkennen. Die Engel haben mir übermittelt, dass es ihnen sehr wichtig ist mitzuteilen, dass der Schatten nicht durch einen schweren Kampf, sondern durch Liebe besiegt wird. So können auch Sie den Schatten in Ihrem Leben durch Liebe ersetzen.

Es ist dem Himmel durchaus bewusst, dass es negative Wesenheiten und Menschen gibt, die sich mit dunkler Magie beschäftigen. Wenn aber diese Dunkelheit bei Ihnen ankommt, muss immer eine Resonanz in Ihnen vorhanden sein. Es bringt nichts, wenn Sie versuchen gegen die Dunkelheit zu kämpfen, denn damit schenken Sie ihr viel zuviel Aufmerksamkeit und machen den Schatten nur noch stärker.

Wie immer bei der Arbeit mit Gott und seinen Engeln ist es in Wahrheit sehr viel einfacher. Beten Sie einfach und verbinden Sie sich dadurch mit Gott und den Engeln. Lenken Sie Ihre ganze Aufmerksamkeit auf die universelle Liebe, die Gott ja in Wahrheit ist und gehen Sie ins volle Vertrauen in Gott. Manchmal scheint dies nicht zu helfen, hier liegt die Resonanz natürlich auch in Ihnen. Sie sollten sich einfach fragen, welchen Wesen Sie Ihr Vertrauen schenken möchten. Wenn die Angst vor dem Schatten so groß ist, dass Ihnen das Beten zu Gott nicht hilft, dann geben Sie den niederen Wesenheiten zu viel Macht. Dann glauben Sie, dass diese Wesenheiten bzw. die Menschen, die mit den niederen Wesenheiten arbeiten mehr Macht hätten als die universelle Liebe unseres Schöpfers. Kehren Sie das einfach um. Wenn Sie Gott und den Engeln absolut vertrauen, dann kann Sie die Dunkelheit nicht erreichen.

Indem Sie nur noch das Licht und die Liebe in Ihr Leben lassen, tragen Sie automatisch zur Entwicklung des sechsten goldenen Zeitalters bei.

Die silber-violette Flamme von St. Germain

Die silber-violette Flamme vom aufgestiegen Meister St. Germain besitzt die Macht alle niedrigen Energien in reines göttliches Licht zu verwandeln. Sie existierte bereits in Atlantis. Weil die Atlanter aber dieses Instrument zum Machtmissbrauch einsetzten, beschloss der göttliche Rat, dass dieses zurückgezogen wurde. Die silber-violette Flamme sollte den Massen nicht mehr zur Verfügung stehen.

Seit dem Jahr 1987 hat der göttliche Rat die Gebete von St. Germain angenommen und ihm gestattet, uns dieses unglaublich starke Instrument zurückzubringen.

Ich hatte im Jahr 2000 eine unglaubliche Begegnung mit St. Germain. Er erschien mir eines Morgens direkt nach dem Aufwachen und sagte mir, dass ich Träger der silber-violetten Flamme sein soll und ich sollte mich nochmal hinlegen. Dies tat ich natürlich. Daraufhin erlebte ich eine Einweihung, die an Lichtenergie und Intensität alles überstieg, was ich bis dahin kannte. St. Germain sagte mir, dass es meine Aufgabe ist, damit sorgsam umzugehen und ich die Flamme nur an die Menschen weitergeben soll, die in einer sehr hohen Schwingung stehen. Er würde mir sagen, wenn ein Mensch dazu bereit ist. So ist es bis heute. Ich habe bisher genau drei Menschen in diese Energie eingeweiht und diese dadurch auch zu Trägern der silber-violetten Flamme gemacht. Allerdings darf ich mit der Flamme allen Menschen helfen, die den Wunsch verspüren Schatten zu Licht zu transformieren.

Ich arbeite täglich mit der silber-violetten Flamme an unserer wundervollen Erde, denn es gehört zu meinen Aufgaben, als Träger der silber-violetten Flamme zu helfen, dass der Schatten auf unserem wunderschönen Planeten sich auflöst, damit das reine Lichtbewusstsein Wirklichkeit wird.

Die Kinder der goldenen Zeit

Die Engel haben mir übermittelt, dass in Zukunft immer mehr Kinder geboren werden, die in einer sehr hohen Schwingung stehen. Bis zum Jahr 2032 werden fünfzig Prozent aller Babys zu den Lichtkindern gehören. Außerdem sagen die Engel, dass diese Zahl nicht zwingend feststehend ist, sondern durchaus noch steigen kann, wenn immer mehr Eltern ihre spirituellen Frequenzen anheben. Es ist vollkommen logisch, dass nur Eltern, die ihre spirituelle Schwingung auf eine sehr hohe Frequenz anheben, sich adäquat um diese Kinder kümmern und ihnen gerecht werden können. Da es immer mehr Erwachsene gibt, die ihre zwölf Chakren öffnen, wird es logischerweise immer mehr Lichtkinder auf

Mutter Erde geben. Lichtkinder gab es bereits zu atlantischen Zeiten.

Jedes neu geborene Kind wurde in Atlantis direkt nach der Geburt zum Hohepriester gebracht. Dieser schaute sich die vergangenen Inkarnationen dieses Kindes an und welche Fähigkeiten und Potenziale es in dieses Leben mitbrachte. Daraufhin folgten intensive Gespräche mit den Eltern und die Erziehung wurde geplant. Diese Prozedur war den Atlantern überaus wichtig. Durch diese intensive Planung konnten die Bewohner von Atlantis gewährleisten, dass die Fähigkeiten des Neugeborenen auf die richtige Art gefördert wurden. Da die Kinder sowohl von den Eltern als auch in der Schule in ihren Fähigkeiten **ernst genommen** und gefördert wurden, war ein erfülltes und glückliches Leben so gut wie garantiert, denn es gab weder Ausgrenzungen noch Unterdrückungen.

Ab dem Jahr 2032 wird es wieder sehr ähnlich sein, sagt Erzengel Christiel. Dadurch werden alle Menschen des goldenen Zeitalters ein glücklicheres und erfüllteres Leben führen, als es seit vielen tausend Jahren möglich war. Im goldenen Zeitalter Aurora wird es endlich so sein, dass alle Kinder wieder bekommen, was sie wirklich brauchen.

Die Indigo-, Kristall- und Regenbogenkinder

Viele weise Seelen kommen auf die Erde um Frieden zu bringen und das Licht der göttlichen Quelle zu verbreiten. Diese Seelen werden als Indigo-, Kristall- und Regenbogenkinder bezeichnet.

Außerdem gibt es sogenannte Scheitelpunktkinder, die eine Mischung aus zwei Komponenten sind. Ich selbst bin so ein Scheitelpunktkind. Ich bin gleichzeitig Indigo- und Kristallkind. Als solches Kind brachte ich alles in dieses Leben mit, was ich für meine göttliche Lebensaufgabe als Friedensbringer und Lehrer des göttlichen Lichtes brauchte.

Alle diese Kinder werden bereits erleuchtet geboren. Sie haben eine so hohe Schwingung, dass niemand es schaffen kann, sie von ihrer Lebensaufgabe abzuhalten.

Viele diese Kinder verschließen sich dennoch erst einmal vor ihrer Berufung, weil sie oftmals Schwierigkeiten haben mit den harten Energien in ihrem Umfeld umzugehen. Was sie immer brauchen ist genug Raum, um ihre hohe spirituelle Energie zu leben. Sie werden viel Zeit in der Natur verbringen, damit sie dort ihr inneres Gleichgewicht finden. Des Weiteren hilft ihnen Mutter Natur dabei, von den harschen Energien des Umfelds Abstand zu gewinnen um sich nach und nach wieder zu öffnen.

Die Indigo-, Kristall- und Regenbogenkinder kommen am besten in einem harmonischen und fröhlichen Umfeld klar, sie lieben Musik, leichte Nahrung und reines Wasser; wenn sie dazu noch vollkommen geliebt werden so wie sie sind, dann sind sie absolut glücklich.

Diese erleuchteten Kinder kommen ursprünglich nicht von der Erde. Ihr ursprünglicher Heimatplanet war Orion. Auf Orion wurden sie von weisen spirituellen Meistern und Lehrern auf ihre Geburt und Inkarnationen auf Mutter Erde vorbereitet, damit sie die wahre göttliche Erleuchtung zu den Menschen tragen können. Leider gelang es nicht vollständig diese Kinder auf die niedrige Schwingung, die die auf Mutter Erde herrschte, vorzubereiten. Dies erkennen Sie daran, dass viele Indigokinder so wirken, als hätten sie ADS, bei den Kristall- und Regenbogenkindern kann es so aussehen, als ob sie Autismus hätten. Die Engel möchten verdeutlichen, dass es sich hier nicht wirklich um die Krankheiten handelt und klassische Therapien daher wirkungslos sind. Man hilft diesen Kindern am besten indem man für sie ein glückliches und liebevolles Umfeld erschafft.

Zur Zeit bemühen sich die Einhörner und die Engel von Atlantis darum, diesen wundervollen Kindern dabei zu helfen, mit den Energien besser zurechtzukommen, indem sie ihnen die reine Energie der siebendimensionalen Lichtwesen bringen.

Die ganze Welt ist dabei die Schwingung für das neue Bewusstsein deutlich anzuheben. Dadurch wird es für die Indigo-, Kristall- und Regenbogenkinder in der Zukunft glücklicherweise deutlich leichter sein, hier auf der Erde zu leben und ihr Licht zu verbreiten. Bis 2032 wird die Zahl dieser wundervollen Kinder, die geboren werden, noch deutlich zunehmen. Diese weisen Seelen werden einen über alle Maßen positiven Einfluss auf die Entwicklung von Mutter Erde haben.

Die Lichtkinder tragen die Schwingung der Engel in ihrer Seele. Dadurch heben sie ganz automatisch die Schwingung auf unserem wunderschönen Planeten deutlich an.

Das Regierungs- und Staatensystem der goldenen Zeit

Erzengel Michael teilte mir mit, dass es in der goldenen Zeit darum gehen wird, dass die Menschen überall auf der Welt vollkommen in ihre Eigenverantwortung geführt werden. In den letzten Jahren waren die Demokratiebewegungen bereits der Beginn dieser Eigenverantwortung. Diese Bewegungen haben dafür gesorgt, dass auf der ganzen Welt viel mehr Menschen nun die Möglichkeit haben, Verantwortung für ihr eigenes Lebens zu übernehmen. Es ist wundervoll zu sehen, dass es überall auf Mutter Erde viele Menschen gibt, die die Grundrechte - Freiheit, Frieden und Gerechtigkeit - einfordern. Die alte Denkweise der Menschen ist vergangen. Dadurch haben in Zukunft Worte wie Führer und Geführte, Reichtum und Armut, Autorität und Gehorsam sowie Diktatur keinerlei Bedeutung mehr. Bereits jetzt ist es so, dass die gesamte Geistige Welt an wunderbaren Lösungen für uns arbeitet.

Bis zum Jahr 2032 wird es Regierungen auf unserer Erde nicht mehr geben. Das dann vergangene System war natürlich für die Menschen sehr bequem. Durch die Regierungen hatten die Menschen die Möglichkeit nicht die volle Verantwortung für ihr Leben zu übernehmen, sondern hatten immer einen „Sündenbock"! Die Menschen der Zukunft werden sehr erstaunt auf unsere Geschichte zurückblicken und sehr verwundert darüber sein, warum wir so viel erduldet und mit uns machen lassen haben. Auch der noch vorhandene Terrorismus wird selbstverständlich vollkommen verschwunden sein.

Die Menschen werden sich gegen staatliche Überwachungssysteme zur Wehr setzen, so dass auch Polizeistaaten keine Rolle mehr spielen werden.

Die Menschheit wird sich bewusst darüber werden, welch großen Schaden Medikamente und industriell zubereitete Lebensmittel in unserem empfindlichen Körper anrichten und dieses Bewusstsein wird in die Öffentlichkeit gelangen. Dafür werden Volksbewegungen sorgen, die im Auftrag des göttlichen Rates handeln. Es werden neue, sanftere Heilungsmethoden entwickelt. Die Menschen werden natürliche Nahrungsmittel zu sich nehmen, die uns selbstverständlich in Hülle und Fülle zur Verfügung stehen werden.

Es wird ein internationales Verbot für genetisch veränderte Lebensmittel kommen. Dafür werden im Jahr 2022 Bewegungen in Erscheinung treten, die sich dafür einsetzen und dies durchsetzen. Da die energetische Schwingung unseres gesamten Planeten deutlich angehoben wird, werden ganz selbstverständlich auch das Klonen von Tieren, gewisse Transplantationen und vor allem Tierversuche und Tierexperimente verboten sein. Es ist ein Weg, der uns zurückführen wird zum natürlichen und biologischen Leben!

Nun komme ich zu einem, wie ich finde sehr spannenden Bereich der Staaten und Regierungen, nämlich dem Vatikan. Die Engel versprachen mir, dass alle Geheimnisse des Vatikans aufgedeckt werden. So werden die original Schriftrollen der Bibel mit ihren Ursprungstexten, die reine Liebe sind sowie die Schriften der Essener vom Toten Meer in die Öffentlichkeit gelangen. Die Menschen werden aufgrund dieser großartigen Texte erkennen, welches spirituelle Potenzial wirklich in ihnen steckt. Außerdem kommt die Wahrheit über Maria Magdalena ans Licht, die eine großartige spirituelle Lehrerin und die Zwillingsflamme von Jesus Christus war und als aufgestiegene Meisterin Trägerin der göttlichen Weiblichkeit ist.

Da es überaus wichtig ist, dass all diese Geheimnisse offengelegt werden, werden die Gebäude, in denen sich diese geheimen Informationen befinden, zerstört werden, falls nicht alles freiwillig offenbart wird.

Eine weitere tolle Nachricht der Engel ist, dass es in Zukunft kein organisiertes Verbrechen mehr geben wird, anders ausgedrückt, es wird weltweit in der Bedeutungslosigkeit verschwinden. Dies ist ein automatischer Prozess, der dadurch entsteht, dass alle Menschen auf unserem wundervollen Planeten in ein neues und höheres Bewusstsein eintreten und dadurch nach All-Einheit streben. Die Mafia wird dementsprechend nur noch vom Namen bekannt sein und der Vergangenheit angehören. Bis 2032 wird jedes organisierte Verbrechen vollständig von unserem Planeten verschwunden sein.

Drogen und Rauschgift wird es auf dieser Welt auch nicht mehr geben. Es wird so sein, dass die Menschen lernen in der Liebe Gottes zu baden, sich ganz dem Licht hingeben und somit „süchtig nach Licht sind"! Auch dadurch, dass wir dann in einer Welt des Friedens leben, wird das Bedürfnis nach Weltenflucht durch berauschende Substanzen in den Menschen nicht mehr vorhanden sein. Jede Seele wird Geborgenheit und bedingungslose Liebe erfahren, die das Bedürfnis nach dem Konsum berauschender Substanzen vollkommen abschaltet.

Folgende Übung hilft Ihnen dabei, dass Sie Ihre Eigenverantwortung zurückgewinnen und leichter mit dem neuen System umgehen können.

Übung zurück in die Eigenverantwortung

1. Diese Übung geht über eine Woche. In dieser Woche achten Sie bitte sehr gut darauf, wie Sie Ihre Entscheidungen treffen.
2. Werden Sie sich bewusst, ob Sie Ihre Entscheidungen nach Anderen ausrichten oder ob Sie wirklich Ihrem Herzen folgen!?
3. Achten Sie ganz genau darauf inwieweit Sie die Verantwortung für Ihr Leben übernehmen.
4. Sollte es so sein, dass Sie das Gefühl haben Opfer äußerer Umstände oder anderer Menschen zu sein, nehmen Sie sich Zeit darüber nachzudenken, was Sie tun können, um dies zu ändern und bitten Sie Erzengel Michael um seine Hilfe.
5. Vielleicht es ja so, dass Sie Ihre von Gott gegebene Macht an die Regierung, Ihren Arzt, Ihre Eltern, Ihre Kinder, Ihren Partner, Ihren Chef oder eine andere Person abgeben.

6. Beginnen Sie nun die Kontrolle über Ihr Leben wieder zurückzugewinnen. Gehen Sie dabei langsam und sorgsam mit sich selbst um. Holen Sie sich Ihre Macht zurück!

7. Arbeiten Sie in dieser Zeit mit der Affirmation: „Ich bin mein Schicksal und habe mein Leben in der Hand".

Die zwölf Chakren für die goldene Zeit

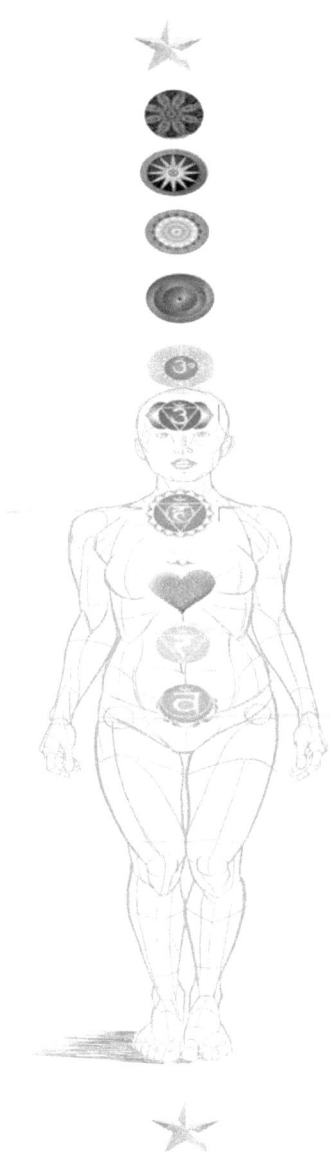

In Vorbereitung auf das goldene Zeitalter wird unser Körper immer feinstofflicher, damit wir gut mit diesen wundervollen Energien und der hohen Frequenz umgehen können. Dafür verändert sich unser gesamtes Chakrensystem. In meinen Liveseminaren führe ich deshalb gemeinsam mit den Erzengeln und universellen Engeln die Aktivierung der zwölf Chakren sehr häufig durch, um möglichst viele Seelen jetzt für die neue Energie anzuheben.

Die Aktivierung der zwölf Chakren ist unendlich wichtig für den Weg zur Erleuchtung. Im goldenen Atlantis besaßen noch alle Seelen aktive zwölf Chakren und trugen dadurch mehr Licht und Weisheit in sich, als es aktuell auf der Erde der Fall ist.
Durch die Öffnung der zwölf Chakren werden zugleich alle zwölf Stränge der DNA aktiviert, in denen sich unglaublich starke spirituelle und mediale Gaben befinden. Diese warten nur darauf, endlich aktiv sein zu dürfen. Durch die Aktivierung der zwölf Chakren werden Ihre medialen Gaben zum vollen Leben erwachen.
Sie werden bereit sein für das neue goldene Zeitalter, für das Jahr 2032 und in ein neues Bewusstsein gelangen, in dem nur noch die Liebe real ist!

Übersicht über die zwölf Aufstiegschakren

Übersicht über die zwölf Chakren

In Folgendem gebe ich Ihnen einen Überblick über die zwölf Aufstiegschakren und Sie werden die Namen, die Farben und die Lage der Aufstiegschakren erfahren. Dann werde ich Ihnen erklären, inwieweit sich die Ursprungschakren verändert haben.

1. **Das Erdsternchakra** → befindet sich ca. 30 cm unterhalb der Füße und ist auf der fünfdimensionalen Ebene **schwarz-weiß.** Dies steht für die Energien von Yin und Yang, also das männliche und weibliche Prinzip. **Erzengel Sandalphon** ist für dieses Chakra zuständig. Durch die Aktivierung des Erdsternchakras wird das Fundament für das spirituelle Wachstum neu ausgerichtet. Denn wir können nur in große Höhen aufsteigen, wenn wir gut mit Mutter Erde verbunden sind. Zusätzlich kümmern sich auch noch zwei universelle Engel namens Roqiel, der für die weibliche Energie steht, und Gerisa, der für die männliche Energie steht, darum dieses Chakra mit Ihnen zu verbinden und dadurch ein starkes, spirituelles Fundament in Ihnen zu errichten.

2. **Das Basischakra** → befindet sich am Steißbein, zwischen dem Anus und den Genitalien. In der 5. Dimension ist dieses Chakra **platinfarben.** Durch die Aktivierung dieses Chakras für die 5. Dimension

wird man mit der Weisheit der Delphine verbunden. Durch die Aktivierung erwacht die Kundalini und strömt ins Basischakra ein, wodurch Lebensfreude und Entzücken die neue Grundlage für Ihr Leben sein werden. Sie werden sich vollkommen sicher und geborgen fühlen.
Erzengel Gabriel ist auf der 5. Dimension für Ihr Basischakra zuständig.

3. **Das Sakralchakra** → befindet sich im Bereich der Fortpflanzungsorgane zwischen Schambein und Bauchnabel. Es ist auf der fünfdimensionalen Ebene **blassrosa**. Das Thema dieses Chakras in der 5. Dimension ist die transzendente Sexualität, bei der es um den Ausdruck von wahrer Liebe geht, so dass Sexualität ausschließlich in wahrer, zärtlicher Liebe gelebt wird.
Durch die Öffnung für die fünfdimensionale Ebene verändern sich zwischenmenschliche Beziehungen. Bedürftigkeit und Abhängigkeit werden von da an in Ihren Partnerschaften keine Rolle mehr spielen, weil Sie in eine selbstbewusste Energie gelangen.
Auch für dieses Chakra ist **Erzengel Gabriel** zuständig.

4. **Das Nabelchakra** → befindet sich hinter Ihrem Bauchnabel, es strahlt in der 5. Dimension in einem **leuchtenden Orange**. Auch dieses Chakra fällt in der 5. Dimension in den Zuständigkeitsbereich von **Erzengel Gabriel**.
Durch die Aktivierung für die 5. Dimension heißt es

positive Menschen in Ihrem Leben willkommen und drückt Geselligkeit und Akzeptanz aus.

5. **Das Solarplexuschakra** → befindet sich oberhalb des Nabels an der Stelle, wo Ihre Rippen ein Dreieck bilden. Es leuchtet in der 5. Dimension in einem **kräftigen Goldton** und strahlt nach der Aktivierung Frieden, Weisheit und die Fähigkeit, Menschen und Situationen zu beruhigen, aus. Dieses Chakra befindet sich im Zuständigkeitsbereich von **Erzengel Uriel**.

6. **Das Herzchakra** → befindet sich in der Mitte Ihrer Brust, zwischen den Brustwarzen. Auf der fünfdimensionalen Ebene ist dieses Chakra **schneeweiß** und befindet sich im Zuständigkeitsbereich von **Erzengel Chamuel**. Nach der Aktivierung für die 5. Dimension strahlen Sie das aus, was Sie wirklich sind, nämlich reine Liebe und Sie stehen automatisch in direktem Kontakt mit dem kosmischen Herzen.

7. **Das Halschakra** → befindet sich unten an Ihrer Kehle. In der 5. Dimension ist dieses Chakra **königsblau**. **Erzengel Michael** ist zuständig für dieses Chakra. Nach der Aktivierung für die 5. Dimension erhalten Sie automatisch Schutz, Kraft und den Mut Ihre Wahrheit immer klar und dennoch liebevoll zum Ausdruck zu bringen.

8. **Das Dritte-Auge-Chakra** → befindet sich zwischen Ihren physischen Augen, es ist in der 5. Dimension **vollkommen durchsichtig**, ähnlich wie eine wunderschöne Kristallkugel. Die Aktivierung Ihres Dritte-Auge-Chakras für die 5. Dimension bereitet Sie auf die göttliche Reise zur Erleuchtung vor. **Erzengel Raphael** ist für dieses Chakra zuständig und die Aktivierung schenkt Ihnen die Gaben der Heilung, der Hellsicht und des Reichtums.

9. **Das Kronenchakra** → befindet sich am höchsten Punkt Ihres Kopfes. Auf der fünfdimensionalen Ebene ist es eine **vollkommen durchsichtige Kristallkrone**, die Kristallkrone des „tausendblättrigen Lotus" genannt. Bei der Aktivierung öffnet sie sich vollständig und lässt Sie das reine Licht Ihrer Seele empfangen, um dadurch die unteren Chakren zu nähren.
Erzengel Jophiel ist zuständig für dieses Chakra.

10. **Das Kausalchakra** → befindet sich oberhalb und etwas hinter dem Kronenchakra und ist **schneeweiß**. Es befindet sich im Zuständigkeitsbereich von **Erzengel Christiel**. Wenn es aktiviert ist, lassen die Lichtwesen aus den höheren geistigen Sphären ihre Weisheit in Ihr Bewusstsein einfließen.

11. **Das Seelensternchakra** → befindet sich über dem Kausalchakra, es erstrahlt in einem wunderschönen **Magentaton**. Es liegt im Zuständigkeitsbereich zweier Erzengel, nämlich **Erzengel Zadkiel** und **Erzengel Mariel**. Wenn es aktiviert wurde, wandelt sich das gesamte Karma unserer Vorfahren (Ahnenkarma) in Lichtenergie um. Außerdem sorgt es nach der Aktivierung dafür, dass Sie immer Zugang zu den göttlichen Weisheiten in Ihrem Leben und Ihrem Alltag haben.

12. **Das Sternentorchakra** → befindet sich über dem Seelensternchakra und strahlt in einem wunderschönen **Goldton**. Es liegt im Zuständigkeitsbereich von **Erzengel Metatron** und den universellen **Engeln Butyalil** und **Serafina**. Nach der Aktivierung des Sternentorchakras wird die Energie des Aufstiegs in Ihnen geweckt. Sie werden im wahrsten Sinne des Wortes die Leiter zu Gott emporsteigen und den Zugang zu den Lichtdimensionen erhalten.

Die Rolle der Menschheit im göttlichen Plan

Jeder Mensch, der jetzt auf dieser Erde ist, ist gesegnet. Es ist ein unglaubliches göttliches Privileg jetzt auf Mutter Erde zu sein, mit den Aufstiegsenergien arbeiten zu dürfen, die seit 2012 auf unserem Planeten aktiv sind und am goldenen Zeitalter mitzuwirken. Es ist fantastisch zu erleben, dass unser ganzes Universum und unser blauer Planet in die 5. Dimension angehoben werden. Wie schon erwähnt, hat es noch zu keiner Zeit so großartige Möglichkeiten und Chancen gegeben, spirituell aufzusteigen und zu wachsen. Jeder Mensch wird nun vom göttlichen Rat aufgefordert, das Beste aus diesen fantastischen Möglichkeiten zu machen.

Wir alle bereiten uns gerade auf den großen Übergang vor. Erzengel Michael sagt, dass es jetzt überaus wichtig ist, dass wir uns von allen Ängsten und jeder Negativität befreien und sie durch Gottes Liebe, Licht, Frieden, Freude und einem echten Reichtumsbewusstsein ersetzen. Sie können mit den verschiedenen Übungen in diesem Buch selbstständig arbeiten und gerne auch mal eines meiner Seminare besuchen. Je mehr Sie jetzt die Negativität verwandeln, desto heller wird das wunderschöne Licht Ihrer Seele strahlen und umso mehr geben Sie den Engeln der Erleuchtung die Möglichkeit zu wirken und Gottes Licht auf dem ganzen Planeten zu verbreiten.

In der folgenden Übung geben die Engel Ihnen etwas an die Hand, mit dem Sie Ihre große Macht einsetzen, um den Prozess des Übergangs zu unterstützen.

Den großen Übergang von Mutter Erde unterstützen

1. Beginnen Sie damit sich ein Umfeld von Frieden und Harmonie zu erschaffen. Sorgen Sie außerdem für ein friedliches Seelenleben. Dies wird dafür sorgen, dass Ihre Energie automatisch in eine höhere Schwingung kommt und durch den energetischen Welleneffekt wird das Schwingungslevel aller Menschen angehoben, mit denen Sie in Kontakt stehen.

2. Beginnen Sie zu begreifen, dass es keine besonderen Menschen gibt, sondern dass alle Menschen gleichwertig sind und richten Sie Ihr Verhalten danach aus, indem Sie niemanden über oder unter sich stellen.

3. Respektieren und ehren Sie alle Formen des Lebens, die unser wundervoller Schöpfer erschaffen hat, beginnend mit den Steinen über die Insekten bis hin zu den Tieren und Menschen.

4. Schenken Sie den auf Angst basierenden Energien und den Massenhysterien, die von den Medien geschürt werden, keinerlei Aufmerksamkeit und Nahrung. Konzentrieren Sie Ihre Gedanken doch lieber auf das Positive, Weise und Große, damit sich diese wundervollen Eigenschaften weiterhin ausbreiten können.

5. Visualisieren Sie, dass alle Wesen, die auf Mutter Erde leben, in vollkommenem Frieden und in wahrer Liebe miteinander leben.

6. Ihre Füße gehören auf den Boden, damit Sie immer gut mit Mutter Erde verbunden sind und Ihre Arme strecken Sie wie die Äste eines Baumes in den Himmel, um die Verbindung zum Göttlichen zu stärken.

Umso mehr Menschen diese Übung regelmäßig durchführen, desto mehr wird sich das Bewusstsein aller Menschen auf Mutter Erde zwangsläufig anheben. Die Aufgabe der Menschen ist es, dass sie ihr Licht konstant halten und der Welt als wahres Leuchtfeuer dienen. Sie sind in der Lage durch Ihr Licht millionen Menschen zu berühren und dadurch zum Aufstieg zu führen.

Notwendige Läuterungen

Im Leben aller Menschen gibt es Phasen, in denen sie reizbar, mürrisch oder auch leicht aus der Fassung zu bringen sind. Immer dann, wenn Sie sich Sorgen machen oder sogar glauben, dass Sie nicht das erhalten, was Ihnen nach Ihrer Meinung zusteht, Sie also das Leben ungerecht finden, ist es wichtig, dass Sie sich selbst läutern, bevor Sie damit beginnen Ihr Energieniveau anzuheben. Dies ist natürlich wie jede Arbeit mit den Engeln sehr einfach. Auch hierzu haben die himmlischen Wesen mir eine Übung an die Hand gegeben, die ich Ihnen sehr gerne weitergeben möchte.

Umwandlung durch die silber-violette Flamme von St. Germain

1. Wie schon mal beschrieben ist die silber-violette Flamme das machtvollste Instrument der Umwandlung. Rufen Sie als erstes Meister St. Germain an Ihre Seite und bitten ihn um die silber-violette Flamme.
2. Spüren Sie nun einige Augenblicke, wie diese Flamme Sie einhüllt.
3. Atmen Sie in jede Zelle Ihres Körpers und in Ihre Aura hinein.
4. Übergeben Sie alle Sorgen und jeden Frust der silber-violetten Flamme und spüren Sie wie die Flamme alles in Licht verwandelt.
5. Bedanken Sie sich und öffnen Sie die Augen.

Angst mit Erzengel Michael auflösen

Erzengel Michael sagt, dass Angst ein natürliches Raubtier und die niederfrequenteste Energie ist, die in dieser Welt existiert. Noch trägt fast jeder Mensch diese Energie in sich. Angst entspringt dem menschlichen Ego und verhindert, dass wir den Zugang zu unserer inneren göttlichen Weisheit in vollem Umfang erlangen. Des Weiteren passiert es unglaublich schnell, dass Menschen, insbesondere, wenn sie sehr sensitiv sind, die Angst von anderen Menschen und von Orten übernehmen. Wir können aber mit Hilfe von Erzengel Michael alle Auswirkungen von Angst beseitigen und dafür sorgen, dass unsere Aura gestärkt wird. Hierzu übermittelte Erzengel Michael mir sehr machtvolle Instrumente, die uns dabei helfen.

Erzengel Michaels erste Methode zur Angstauflösung

Bei dieser Methode, die vom Namen her sehr lustig klingen mag, handelt es sich um eine durch Erzengel Michael gechannelte Methode und meiner Meinung nach, um die machtvollste Methode, wenn es darum geht alte Ängste und toxische Energien endgültig loszuwerden. Die Übung heißt "Erzengel Michaels Staubsauger".

1. Begeben Sie sich an einen Ort, an dem Sie eine Zeitlang ungestört sind.

2. Nehmen Sie ein paar tiefe reinigende Atemzüge, entspannen Sie sich und lösen Sie sich von der Außenwelt.

3. Sprechen Sie in Worten oder Gedanken folgendes Gebet: *Lieber Erzengel Michael bitte komme mit Deinem spirituellen Staubsaugerrohr und befreie mich, meine Wohnung und mein Umfeld vollständig von allen Angstenergien und allen toxischen Substanzen und Energien (entscheiden Sie dabei ob Michael den Staubsauger auf langsam, medium oder schnell schalten soll).*

4. Bleiben Sie entspannt sitzen oder liegen, bis Sie das Gefühl haben, dass Sie von allen negativen Energien befreit sind.

5. Sobald Erzengel Michael diese Arbeit beendet hat, sprechen Sie folgendes Gebet gedanklich oder in Worten: *Lieber Erzengel Michael bitte fülle mich jetzt auf mit reinem göttlichen Licht.*

6. Bleiben Sie entspannt sitzen oder liegen, bis Sie das Gefühl haben, dass Sie erfüllt von göttlichem Licht sind.

7. Atmen Sie nochmals tief ein und aus, bedanken Sie sich, recken und strecken Sie sich und öffnen Sie dann Ihre Augen.

Die Methode können Sie für sich selbst, für andere Menschen, für Orte, die Sie reinigen möchten und auch für den ganzen Planeten anwenden. Gerne wende ich diese Methode in einem persönlichen Beratungsgespräch für Sie an.

Trennung ätherischer Schnüre

Wie bereits erwähnt übernehmen wir manchmal auch die Angst anderer Menschen. Dann enstehen ätherische Schnüre.

Dies ist ein meiner Meinung nach überaus wichtiges Thema. Jeder Mensch sollte unbedingt über ätherische Schnüre Bescheid wissen. Immer dann, wenn Sie mit anderen Menschen in Kontakt kommen, ob nun professionell oder aus reiner Freundlichkeit und Mitgefühl und dieser Mensch Bedürftigkeiten oder Ängste hat, docken diese Schnüre bei Ihnen an.

Diese ätherischen Schnüre sind zunächst dünn ist wie ein Haar und mit der Zeit werden sie immer dicker. Bei vielen Menschen nehme ich in meiner Beratungspraxis richtig dicke Schläuche wahr. Diese Verbindungen ziehen Ihnen Ihre Lebensenergie ab, wenn sie nicht getrennt werden. Diese Schnüre führen dann dazu, dass Sie müde werden, ausgelaugt sind und können Sie auf Dauer sogar sehr krank machen. Gottseidank ist es sehr einfach diese Schnüre gemeinsam mit Erzengel Michael zu trennen und mit Erzengel Raphael vollständig zu heilen. Diese Methode können Sie ebenso wie das Staubsaugen für sich und andere, die Sie darum bitten, anwenden. Natürlich lassen sich alle Methoden auch wunderbar für Ihre lieben Haustiere anwenden.

Um alle ätherischen Schnüre vollständig loszuwerden sagen Sie entweder innerlich oder gerne auch mit lauter Stimme:

Ich rufe Dich jetzt herbei lieber Erzengel Michael und bitte Dich mit Deinem Flammenden Schwert der Wahrheit und Gerechtigkeit alle Schnüre der Angst, die meine Lebensenergie einschränken, zu trennen. Danke! So ist es! Amen!

Danach bleiben Sie einfach still sitzen und visualisieren, wie Erzengel Michael mit seinem Schwert einmal um Ihren ganzen Körper herum geht, dabei wird er alle ätherischen Schnüre vollständig von Ihnen abschneiden.

Durch das Trennen der ätherischen Schnüre entstehen kleine Lücken und Löcher an den Stellen, wo sich diese Bänder und Schläuche befunden haben. Dementsprechend müssen diese natürlich wieder vollständig geheilt werden. Auch dies geht sehr einfach! Hierzu rufen Sie den Engel der Heilung - Erzengel Raphael - herbei und bitten ihn um seine Hilfe, zum Beispiel mit folgenden Worten:

Lieber Erzengel Raphael, ich rufe Dich jetzt herbei und bitte Dich mich vollständig mit Deinem smaragdgrünen Licht einzuhüllen und alle Lücken und Löcher, die durch das Trennen der Schnüre entstanden sind, vollständig zu heilen. Erzengel Raphael, ich danke Dir von ganzem

Herzen! So ist es! Amen!

Anschließend bleiben Sie einfach noch einige Minuten vollkommen entspannt, so lange bis Sie das Gefühl haben, dass die Lücken wieder vollständig geschlossen sind.

Die Erzengel

Da die Erzengel unendlich wichtig sind für die Erlangung des neuen Bewusstseins, tauchen sie natürlich auch beim Thema des goldenen Zeitalters auf. Wer meine Bücher kennt wird wissen, dass die himmlischen Wesen in allen meinen Büchern ein essentieller Bestandteil sind, somit auch in diesem Buch.

Hilfe durch die Erzengel

Zuerst einmal möchte ich betonen, dass die **Hilfe durch die Erzengel** und somit **das Licht Gottes** für alle Menschen erreichbar ist. Wir sind alle göttliche Wesen, perfekt von Gott erschaffen, daher sind Sie es wert, die Hilfe des Himmels zu jeder Zeit zu empfangen. Seien Sie sich gewiss, dass die Engel immer gerne an Ihrer Seite sind, um Ihnen zu helfen.

Es ist einfach wundervoll zu wissen, dass wir alle niemals allein sind. Das einzige, was wir aufgrund des Gesetzes des freien Willens tun müssen ist die Erzengel um Hilfe zu bitten.

Gott hat den Menschen nach seinem Bilde geschaffen. Das heißt natürlich, dass alle Menschen gleich sind. Dementsprechend hat jeder Mensch auch die Hilfe durch die Erzengel verdient.

Gott hat die Engel aus seiner Liebe erschaffen. Dementsprechend tragen diese wundervollen Wesen das Licht Gottes auf die Erde.

Außerdem lieben die himmlischen Mächte uns bedingungslos. Sie können das Licht Gottes wahrhaft in jedem Bereich Ihres Lebens erleben. Im Folgenden werde ich Ihnen erklären, wie auch Sie leicht die Hilfe der Erzengel erhalten können.

Momentan sind alle Engel und Erzengel hoch aktiv, um das neue goldene Zeitalter Aurora zu kreieren und voran zu bringen. Dennoch freuen sich die Erzengel über alle Maßen, wenn Sie sie um ihre Hilfe bitten. Es ist für den Himmel das größte Geschenk, Ihnen helfen zu dürfen. Seien Sie einfach großzügig mit Ihren Geschenken und bitten Sie die Erzengel, so oft wie möglich darum, Ihnen zu helfen.

Aufgrund der Tatsache, dass die Engel grenzenlos sind, sind sie in der Lage überall gleichzeitig zu sein. Dies tun sie auch immer mit der gleichen Liebe und Hingabe. Aufgrund dieser Wahrheit müssen sie keine Sorge haben, dass sie die himmlischen Wesen stören könnten. Das Gegenteil ist der Fall, Ihre Bitte hat immer erste Priorität.

Eines möchten die Engel allerdings betonen. Es ist so, dass wir sie jederzeit um Hilfe bitten können, angebetet werden möchten sie aber zu keiner Zeit. Sie sagen deutlich, dass jede Anbetung Gott alleine gebührt.

Wieviele Erzengel existieren

Zuerst einmal sind die Erzengel die ersten Boten zwischen Gott und den Menschen. Dementsprechend tragen sie das Licht Gottes zu den Menschen. Alles, was die Erzengel zu Ihnen bringen, kommt also immer von unserem wundervollen Schöpfer.

Es gibt zahllose Erzengel, die uns helfen möchten. Dementsprechend kann ich Ihnen sicherlich keine genaue Zahl nennen. Ich kann Ihnen aber sagen, dass es unendlich viele Erzengel gibt, die alle erfüllt sind von der Liebe Gottes.

Jedes Mal, wenn ein Mensch das Wort LIEBE denkt, wird ein neuer Engel geboren!

Inzwischen habe ich Kontakt zu neunzehn Erzengeln. Bis vor kurzem waren es fünfzehn Erzengel, die sich mir offenbart haben. Ich werde Ihnen in diesem Buch sechzehn Erzengel erklären, da ich über ihre Energie genau Bescheid weiß, denn zu ihnen habe ich momentan den engsten Kontakt.

Es ist wunderschön, dass sich immer mehr Erzengel bei mir melden und in die Welt wollen. Aufgrund dessen ist natürlich für jeden Menschen immer mehr himmlische Hilfe möglich.

Gottes Engel, insbesondere die Erzengel sind unendlich liebevolle und schöne Geschöpfe. Sie tragen das Licht Gottes in ihrer Aura.

Es gibt nichts, was die Erzengel mit dem Licht Gottes nicht für Sie tun können. Allerdings ist es wichtig, dass Sie die Hilfe durch die Erzengel erbitten. Wie Sie dies tun, spielt hierbei keine Rolle, sondern lediglich, **dass Sie es tun**. Sie können es in Form von Gebeten, Affirmationen, Visualisierungen oder wie auch immer Sie mögen. Wichtig ist lediglich, wie gesagt dass Sie es tun!

Dadurch, dass ich in vielen Situationen meines Lebens die Hilfe durch die Erzengel erleben durfte, fühle ich mich ihnen so sehr verbunden.

Des Weiteren sollten Sie wissen, dass die Engel immer Ihr höchstes Wohl im Sinn haben. Also bekommen Sie bei der Hilfe durch die Engel immer genau das, was Sie brauchen. Der Himmel weiß oftmals, wenn nicht sogar fast immer besser, was gut für uns ist als wir Menschen selbst. Daher kann es durchaus sein, dass Sie nicht immer bekommen, was Sie haben wollen, aber immer was Sie brauchen.

Somit müssen Sie sich natürlich auch keine Sorgen machen, wie der Himmel es schafft dieses großartige neue Zeitalter Aurora entstehen zu lassen. Vertrauen Sie einfach darauf, dass dies alles unserem höchsten Wohl entspricht.

Gott hat Ihnen wie jedem Menschen einen freien Willen geschenkt und dieser ist heilig. Dementsprechend dürfen Ihnen die Erzengel nur helfen, wenn Sie diese darum bitten. Es ist egal, ob Sie beten, Affirmationen verwenden, Ihre Gebete singen oder aufschreiben.

Außerdem ist es egal, ob Sie Gott selbst oder die Erzengel direkt um Hilfe bitten. Sie werden in jedem Fall die Hilfe durch die Erzengel erhalten. Sie sind es wert!

Im Grunde genommen ist es egal welchen Erzengel Sie bitten, dennoch möchte ich Ihnen einen kurzen Überblick über die Zuständigkeit der Erzengel geben. Es ist immer leichter die Hilfe durch die Erzengel zu erhalten, wenn man einen festen Ansprechpartner hat.

Erzengel Christiel

Erzengel Christiels Name bedeutet so viel wie „Bote des Christuslichts". Er verbreitet die Energie von Jesus Christus und lässt diese unaufhörlich auf unsere wundervolle Erde einströmen. Außerdem besteht eine seiner Aufgaben darin, das Licht der göttlichen Quelle zu uns Menschen zu schicken. Wenn Sie also den Wunsch in sich verspüren, dem Licht des Christus näher zu sein, dann ist Erzengel Christiel mit Sicherheit der richtige Ansprechpartner für Sie. Seine hohe Schwingung wird Ihnen auf jeden Fall helfen, sich mit der Energie des neuen, goldenen Zeitalters zu verbinden.

Das Licht von Erzengel Christiel ist neundimensional. Dieses Licht ist unglaublich hochfrequent. Aufgrund dieser hohen Schwingung wäre dieses Licht für unseren menschlichen Körper nicht zu ertragen. Natürlich ist es so, dass Erzengel Christiel hierfür eine Lösung parat hat. Wenn wir ihn rufen schwingt er seine Energie auf eine siebendimensionale Ebene herab.

Auf der siebendimensionalen Ebene können wir sein Engellicht gut annehmen. Dennoch ist es sehr intensiv. Wie bei allen Engeln ist es auch bei Erzengel Christiel so, dass er zu jeder Zeit gerne für jeden Menschen da sein möchte, auch wenn er sehr hohe Aufgaben hat.

Sehr wichtig zu wissen ist, dass Erzengel Christiel für den göttlichen Plan zuständig ist. Sein Zuständigkeitsbereich ist dementsprechend dafür zu sorgen, dass die Energie des sechstes goldenen Zeitalters sich leicht auf unserem wundervollen Planeten verbreiten kann. Er überwacht dementsprechend die Ausführung der Pläne unseres wundervollen Schöpfers.

Erzengel Christiel verbindet jeden, der ihn ruft, automatisch mit der fünfdimensionalen Aurora-Frequenz.

Erzengel Christiel hat der Menschheit viel zu sagen. Ich möchte Ihnen eine sehr wichtige Botschaft von Erzengel Christiel nicht vorenthalten.

Erzengel Christiel sagte zu mir:

Geliebte Menschenseelen, wir sind bei Euch! Es ist so, dass die Veränderungen notwendig und voll vom Licht Gottes sind. Außerdem geht das ganze Universum und die Erde in ein neues Zeitalter. Die Veränderungen sind nah.

Leider ist es so, dass es Menschen gibt, welche anderen Angst machen. Dennoch sagen wir Engel Euch, es geht nicht zu Ende. Die Erde bleibt erhalten, da diese perfekt von Gott geschaffen wurde.

Es ist nur so, dass Mutter Erde eine Verwandlung durchlebt. Demzufolge wird das Licht regieren! Öffnet Euch der Liebe des Christus!

Dennoch wollen Gott und wir Engel Euch warnen vor Menschen, die sich Christus nennen. Es ist so, dass sie nichts mit der Energie des Christus zu tun haben. Euer Schöpfer sagt: "Folgt Ihnen nicht!"

Allerdings verbreiten sie die Unwahrheit, dass es mit der Welt und der Menschheit zu Ende ginge. Dies ist nicht der Fall. Die Welt verändert sich und wir alle gehen ins sechste goldene Zeitalter.

In Liebe Erzengel Christiel

Erzengel Christiel trägt das reine, goldene Christuslicht in sich. Dieses wundervolle Licht bringt er zu jedem, der ihn ruft. Außerdem wandelt er dies, wie gesagt, in eine Frequenz um, mit der wir Menschen sehr gut umgehen können. Durch dieses wundervolle Licht hilft er jedem Menschen beim spirituellen Aufstieg.

Der Aufstieg ins Lichtbewusstsein ist aktuell unglaublich wichtig. Dementsprechend sollten Sie sich mit Erzengel Christiel verbinden, um sich auf das neue goldene Zeitalter vorzubereiten.

Sobald Sie dies tun, wird er Ihren persönlichen Aufstiegsprozess vorantreiben. Dementsprechend werden Sie unglaublich starke Lichtkörperprozesse erleben.

Des Weiteren kann Erzengel Christiel Sie mit dem großen universellen Engel verbinden.

Der Aufstieg in die 5. Dimension

Unser ganzes Universum ist dabei aufzusteigen. Erzengel Christiel hilft Ihnen, wenn Sie ihn bitten, bereits jetzt in die 5. Dimension aufzusteigen. Es muss betont werden, dass Sie während dessen in Ihrem physischen Körper bleiben können.

Außerdem verbindet er Sie mit Ihrer eigenen Engelenergie, die Sie seit Ihrer Geburt in sich tragen. Erzengel Christiel sagt, dass Ihre Engelenergie wie ein Magnet für die Christusenergie wirkt.

Diese Energie wird erst aktiviert, wenn Sie dazu bereit sind. Bitten Sie Erzengel Christiel einfach darum, dass er Sie vorbereitet, damit Ihre Engelenergie erwachen kann. Auch dies ist mit himmlischer Hilfe selbstverständlich sehr einfach!

Ich möchte betonen, dass es nicht darum geht, dass Sie ein Engel werden, denn Menschen bleiben immer Menschen.

Nimbusfarbe: rein weiß

Chakra: Christiel ist zuständig für Ihr Kausalchakra.

Erzengel Metatron

Erzengel Metatron ist gleichzeitig Fürst der Erzengel, und neben Seraphiel ist er der Fürst der Seraphimengel. Er steht von allen Engeln unserem Schöpfer am nächsten und wird auch als die Stimme Gottes bezeichnet. Sein Name bedeutet "Wer ist wie Gott."

In der biblischen Mythologie taucht er zwar nie namentlich auf, aber dennoch ist er sehr häufig indirekt erwähnt. Wie schon gesagt, ist Erzengel Metatron die Stimme Gottes, er sprach z.B. als brennender Busch zu Moses, um ihm mitzuteilen, dass er sein Volk ins Gelobte Land führen wird, diktierte Moses die 10 Gebote auf dem Berg Sinai, sprach als Gottes Stimme zu den Propheten usw.
Metatron ist der König aller Engel und stellt somit das Bindeglied zwischen unserem Schöpfer und uns Menschen dar, denn über Erzengel Metatron übermittelt Gott alles, was er uns mitteilen möchte, über ihn spricht der Schöpfer zu uns Menschen
Er ist der Engel des Alpha (A) und des Omega (Ω), also der Engel des Anfangs und des Endes.
Er bildet unter den Engeln neben Erzengel Sandalphon eine absolute Ausnahme. Erzengel Metatron lebte einst als Mensch auf der Erde und zwar als der Prophet Hennoch. Hennoch führte auf Erden ein mehr wie vorbildliches Leben und verkörperte Gottes Liebe, in dem er sein gesamtes Leben nach den wahren göttlichen

Gesetzen aus Licht und Liebe ausrichtete. Für dieses einzigartige Leben, was er führte, wollte der Schöpfer Hennoch belohnen und das tat er, indem er ihn als Engel in den Himmel empor hob.

Erzengel Metatron ist Überwacher der Akasha Chronik, die das gesamte Kosmische Gedächtnis darstellt. In der Akasha Chronik sind alle unsere Leben bis ins kleinste Detail aufgeschrieben, unsere guten ebenso wie unsere negativ motivierten Taten. Diese Auflistung ist entscheidend dafür, ob wir nach dem Leben ins Licht aufsteigen dürfen. Ich möchte an dieser Stelle erneut betonen, dass Gott und die Engel uns niemals bestrafen, also auch das Leben auf der Erde in keinem Fall eine Strafe darstellt, sondern die Erde hat im Universum eine ganz besondere Rolle. Sie ist der Schulungsplanet schlechthin, und wir kommen hierher um zu lernen, damit unsere Seele ins Lichtbewusstsein aufsteigen darf. Wenn Sie also nach diesem Leben erneut inkarnieren, ist das nicht, weil Sie irgendwie ein besonders schlechter Mensch gewesen sind, sondern weil Sie noch weiter lernen und wachsen dürfen.

Erzengel Metatron kennt Ihre Seele ganz genau und intensiv. Er weiß ganz genau über den Lebensplan eines jeden einzelnen Menschen Bescheid, den dieser sich vor diesem Leben gemeinsam mit dem göttlichen Rat zurechtgelegt hat, und überwacht dieses.

Wenn Sie vor wichtigen Entscheidungen in Ihrem Leben stehen und nicht genau wissen, wie es weitergehen soll, oder wofür Sie sich entscheiden sollen, dann ist Erzengel Metatron mit Sicherheit der absolut richtige Ansprechpartner und Wegweiser für Sie.

Erzengel Metatron kann Sie in der Entscheidungsfindung unterstützen und Ihnen helfen, die für Sie richtige und passende Entscheidung zu treffen, wenn Sie ihn darum bitten. Er kann durch seine Hilfe verhindern, dass negative Konsequenzen aus einer falsch getroffenen Entscheidung auf Sie zukommen. Wichtig ist natürlich ihn zu bitten, denn Sie wissen ja bereits, durch Ihre Bitte geben Sie dem Engel die Erlaubnis, Ihnen helfen zu dürfen. Dann sollten Sie den Verstand ausschalten und nur darauf hören, was Ihre innere Stimme - Ihre Intuition Ihnen sagt oder Sie eventuell über Ihre Träume eingegeben bekommen. Über diese Wege zeigt Erzengel Metatron, was wichtig für Sie ist und welche Entscheidung die bestmögliche für Ihr Leben ist.

Wenn Sie dazu bereit sind, kann Erzengel Metatron Ihnen helfen, Ihren Lebensplan und Seelenweg zu erkennen und zu ergründen, denn zu seinen Aufgaben zählt auch die Transformationsarbeit durch unendliche Liebe. Wenn Sie zum Beispiel das Gefühl haben, im Dunkeln zu tappen und Sie durch Ihre bisherigen Glaubens- und Verhaltensmuster nicht wirklich vorwärts kommen und denken, dass Sie noch meilenweit vom Ziel entfernt sind, kann er Ihnen dabei helfen, starre Strukturen aufzulösen, die Glaubens- und Verhaltensmuster, welche Ihrer Lebensaufgabe nicht dienlich sind und die Sie über sich selbst, andere und die Welt haben aufzulösen und umzuwandeln und dadurch wieder eine positive Sichtweise von Licht und Liebe zu dem Leben auf Gottes wunderschöner Erde zu erlangen.

Erzengel Metatrons Energie ist überaus fein, sanft und klärend. Er kann durch seine Energie auch Ihre Chakren, also Ihren Hauptenergiezentren, in Ihrem Körper, reinigen, klären und öffnen.

Chakra: Erzengel Metatron ist zuständig für Ihr Kronenchakra.
Farbe: reines, strahlendes weiß, bzw. alle Farben des Regenbogenspektrums.

Für welche Lebensbereiche ist Erzengel Metatron zuständig?

✭ Erzengel Metatron ist gerne als Wegweiser für Sie da, wenn Sie wichtige Lebensentscheidungen zu treffen haben, bei denen es um neue Lebenssituationen geht.

✭ Erzengel Metatron steht Ihnen gerne als wertvoller Ratgeber in Fragen des Gewissens helfend und unterstützend zur Seite.

✭ Erzengel Metatron kann eine unendliche Hilfe sein, wenn es darum geht, Ihre wirklichen und wahren Potenziale zu erkennen und diese in Ihr Leben zu integrieren.

✭ Erzengel Metatron kann Ihnen bei der Manifestierung helfen, wenn es darum geht, Ihre wahren Visionen und Ihre inneren Bilder in die materielle Welt hineinzubringen.

✭ Erzengel Metatron kann Ihnen Trost und Kraft geben nach schweren Verlusten, zum Beispiel, wenn Sie gerade einen Menschen verloren haben

✭ Erzengel Metatron ist gerne für Sie da, wenn es darum geht, alte Begrenzungen aufzulösen, also zu erkennen, dass die Erde ein grenzenloser Ort ist.

Gebete zu Erzengel Metatron

Grundsätzlich ist es, wie Sie ja bereits wissen, vollkommen egal, wie Sie beten und ein einfaches "Erzengel Metatron hilf mir" reicht natürlich vollkommen aus, dennoch möchte ich Ihnen einige Gebete vorstellen, die Ihnen das Beten zu Erzengel Metatron erleichtern können.

- ✯ Lieber Gott, lieber Erzengel Metatron, ich rufe Euch herbei. Ich danke Euch von ganzem Herzen dafür, dass ich Unterstützung und Hilfe in meiner für mich wichtigen Entscheidungsfrage wegen (beschreiben Sie die Situation) erhalte. Bitte lieber Erzengel Metatron führe mich auf meinem Weg zu der besten Entscheidung zum höchsten Wohl für alle daran beteiligten Personen. Lieber Erzengel Metatron, ich danke Dir von ganzem Herzen, so ist es. Amen.

- ✯ Lieber Gott, lieber Erzengel Metatron, ich rufe Euch herbei. Ich danke Euch von ganzem Herzen dafür, dass Ihr mir helft immer und stets mit besten Wissen und Gewissen zu handeln. Ich bitte von ganzem Herzen um Hilfe bei meiner Gewissensfrage (nennen Sie Ihr Anliegen). Lieber Erzengel Metatron, ich danke Dir von ganzem Herzen, so ist es. Amen.

- ✯ Lieber Gott, lieber Erzengel Metatron, ich rufe Euch

herbei. Ich danke Euch von ganzem Herzen für die Begleitung und Führung, die Ihr mir schenkt und bitte Euch, helft mir, meine wahre Berufung und all meine Potenziale zu erkennen und diese in mein Leben zu integrieren. Erzengel Metatron, ich danke Dir von ganzem Herzen, so ist es. Amen.

✯ Lieber Gott, lieber Erzengel Metatron, ich rufe Euch herbei. Ich danke Euch von ganzem Herzen für all meine Visionen und inneren Bilder und bitte um Hilfe, diese in mein Leben zu manifestieren. Erzengel Metatron, ich danke Dir von ganzem Herzen, so ist es. Amen.

✯ Lieber Gott, lieber Erzengel Metatron, ich rufe Euch herbei. Ich danke Euch von ganzem Herzen, dass Ihr mir Trost spendet und bitte Euch von ganzem Herzen, dass Ihr mir helft, den Verlust von (beschreiben Sie Ihren Verlust) zu überwinden, um wieder mit Leichtigkeit durchs Leben gehen zu können. Erzengel Metatron, ich danke Dir von ganzem Herzen, so ist es. Amen.

✯ Lieber Gott, lieber Erzengel Metatron, ich rufe Euch herbei. Ich danke Euch von ganzem Herzen für diese wunderbare grenzenlose Welt und bitte darum, mir zu helfen meine inneren Begrenzungen und negativ motivierten Glaubens- und

Verhaltensmuster in mir komplett aufzulösen. Erzengel Metatron, ich danke Dir von ganzem Herzen, so ist es. Amen.

✭ Lieber Gott, lieber Erzengel Metatron, ich rufe Euch herbei. Ich danke Euch von ganzem Herzen für die wunderbare Arbeit, die Ihr tagtäglich macht, ich bitte darum, all meine Chakren von Unreinheiten zu reinigen, zu klären und zu öffnen. Erzengel Metatron, ich danke Dir von ganzem Herzen, so ist es. Amen.

Affirmationen zu den Energien von Erzengel Metatron

- ✭ Ich bin in der Lage, immer die richtigen Entscheidungen für mein Leben zu treffen.

- ✭ Ich erkenne immer, was das Richtige ist und halte mein Gewissen rein.

- ✭ Ich finde zurück zum Ursprung meines Seins.

- ✭ Ich erkenne meine wahren Potenziale und lebe meine Berufung.

- ✭ Ich bringe meine Visionen in die materielle Welt.

- ✭ Ich lasse meine Trauer zu und schaue positiv nach vorne.

- ✭ Ich bin ein grenzenloses Wesen, ich erreiche alles, was ich mir wünsche.

Erzengel Sandalphon

Erzengel Sandalphons Name bedeutet "Bruder". Neben Erzengel Metatron ist er einer der beiden Engel, welche einst auch als Mensch auf der Erde gelebt hat.

In seinem Erdenleben war er als der Prophet Elias bekannt, der von seiner Kindheit an von ganzem Herzen erfüllt war mit feurigem Eifer für Gott und seine unendlich Liebe und Weisheit zu leben. Er hat sein Leben dem Ziel gewidmet, alles daran zu setzen, dass Gottes Gesetz von Licht und Liebe sich auf der Erde verbreiten möge und gelebt werden kann. Elias hatte eine unendliche und bedingungslose Liebe zu Gott in sich, aufgrund dieser Liebe entband Gott Elias vom ewigen Kreislauf aus Geburt, Tod und Reinkarnation und hob ihn als Erzengel Sandalphon in den Himmel empor.

Erzengel Sandalphon können Sie vereinfacht als den "Wunscherfüllungsengel" ansehen. Wenn Sie ein Gebet an Gott richten, ist es immer Erzengel Sandalphon, der Ihr Gebet in seine Hände nimmt und es klar und unverfälscht zu unserem Schöpfer trägt, von dem Ihre Gebete wiederumsofort erhört und beantwortet werden.

Erzengel Sandalphon wird auch als Engel des Heiligen Geistes bezeichnet. Sofern Sie ihn anrufen und bitten, sowie bereit und entschlossen sind mit Erzengel Sandalphon zu arbeiten, wird er Ihnen helfen, ihre Seele unter die schönste aller Energien, nämlich die Energie unseres Schöpfers einzuordnen.

Er hilft allen Menschenseelen, sich für wahrhaftiges spirituelles Bewusstsein zu öffnen und wenn Sie es wünschen, kann er Ihnen helfen, aus Ihrem Seelenschlaf aufzuwachen. Erzengel Sandalphon kann Sie also wahrhaft aufwecken und erwecken, so dass Sie die wahre Schönheit Ihrer eigenen Seele erkennen und Sie dadurch lernen, Gott wahrhaftig zu sehen und zu erkennen in allem was ist.

Erzengel Sandalphon wird auch als "der Gärtner Gottes" bezeichnet, da er sehr eng und intensiv mit Mutter Erde verbunden ist. Durch diese Verbundenheit ist er in der Lage Ihnen in Ihrem Leben das Sicherheitsgefühl und das Urvertrauen zurückzubringen. Wenn Sie das Gefühl haben, Sie hätten den Boden unter Ihren Füßen verloren, oder das Gefühl in Ihnen besteht, gerade Höhenflüge zu bekommen, also Sie aus verschiedenen Gründen gerade dabei sind "abzuheben" und Ihre eigentlichen Wurzeln nicht mehr wahrnehmen und spüren können, kann Erzengel Sandalphon Ihnen helfen, Ihr Sicherheitsgefühl wiederzuerlangen, sich wieder zu erden, also den Boden unter Ihren Füßen zurückzubekommen und Sie wieder mit Mutter Erde zu verbinden.

Wenn Sie gerade auf der Suche nach einer Partnerschaft sind und die Nase voll haben von irgendwelchen Halbheiten, also für Sie nur die perfekte Partnerschaft in Frage kommt, dann kann Erzengel Sandalphon Ihnen dabei helfen, Ihre Zwillingsflamme/ Zwillingsseele, also Ihr wahrhaft perfektes Gegenstück in Ihr Leben zu bringen. Ihre Zwillingsseele ist der Partner/ die Partnerin, welche/r ideal zu Ihnen und zu Ihrem Leben passt, die perfekte Ergänzung zu Ihrer eigenen Persönlichkeit, der sogenannte Punkt auf dem i, denn perfekt sind Sie schon alleine! Gott hat Sie nämlich, genau wie jeden anderen Menschen, perfekt nach seinem Bilde geschaffen.

Haben Sie vielleicht manchmal das Gefühl, zu erwachsen geworden zu sein, wenn ja kann Erzengel Sandalphon Ihnen helfen, wieder den Kontakt zu Ihrem inneren Kind zu bekommen, damit Sie lernen, die kindlichen und unbefangenen Anteile Ihrer Seele wieder leben zu können, einfach mal wieder ein Kind zu sein und die Welt mit kindlichen Augen zu betrachten.

Jesus Christus hat es uns bereits gelehrt, indem er sagte: "Seid unschuldig, wie die Kinder, denn ihnen gehört das Himmelreich". Also bitten Sie Erzengel Sandalphon, Ihnen den Zugang zu geben zu Ihrem inneren Kind, damit Sie Ihren Himmel auf Erden erschaffen können. Er zeigt Ihnen ganz genau auf, was Ihr kindliches ICH zum Glücklichsein, was Sie tun können, um diese wunderbare

Unbefangenheit wieder zu leben.

Vielleicht belasten Sie im Hier und Jetzt noch Wunden und Verletzungen aus Ihrer Vergangenheit. Auch hier kann Erzengel Sandalphon Ihnen helfen, diese Wunden in Ihrer Seele zu heilen. Er ist der Heiler der Herzen und er kann und will auch Ihr Herz heilen. Egal wie tief dieser Schmerz auch in Ihrer Seele zu sitzen scheint, Erzengel Sandalphon kann jede seelische Wunde heilen und Ihnen zeigen, wofür Sie diese Erfahrung gebraucht haben, wohin Sie diese Verletzungen geführt haben und wie Sie dadurch, dass das Leben Ihnen diese gegeben hat gewachsen sind. Dadurch können Sie lernen lernen, den Segen hinter allem, was Sie erleben durften zu erkennen.

Wenn er mit Ihnen an alten Wunden arbeitet, kann es geschehen, dass der verdrängte Schmerz der Vergangenheit erst noch einmal in Ihnen hochkommen wird. Dann kann es sein, dass die Wunden noch einmal geöffnet werden müssen und der Schmerz in abgeschwächter Form noch ein letztes Mal durchlebt wird. Aber egal, was auch geschehen mag in diesem Prozess, alles was geschieht, passiert für Sie, denn holen Sie sich in Erinnerung, die Engel handeln zu jeder Zeit nur zu unserem höchsten Wohl. Gott und seine Engel wissen immer genau, was Sie jetzt gerade brauchen, und das besser als wir selbst.

Es kann zum Beispiel passieren, dass Verletzungen, von denen Sie gar nicht mehr wissen, weil Sie diese zum Selbstschutz verdrängt haben, jetzt noch einmal zum Vorschein kommen. Dies passiert immer in einer Art und Weise, dass es für Sie gut erträglich ist und in gesunden Portionen. Lassen Sie alles zu, was dann geschieht und verdrängen Sie bitte dann nicht erneut. Es kann sein, dass viele Tränen kommen, lassen Sie diese fließen und unterdrücken Sie sie auf gar keinen Fall, denn über diese Tränen fließt der Schmerz ab und kann sich von Ihnen verabschieden. Der komplette Schmerz wird mit diesen Tränen von Ihnen abfallen und wahrhaft abfließen, denn ungeweinte Tränen vergiften und enthalten ganz viel toxische Energie, also weinen Sie Ihre Tränen.

Wie oft im Leben haben Sie schon gedacht, Sie müssen stark sein und haben nach außen eine Fassade aus absoluten Verhärtungen aufgebaut. Erzengel Sandalphon kann und will Ihnen dabei helfen, Ihre verletzliche Seite wieder zulassen zu können, Ihre Sensibilität und Sensitivität wieder leben zu können und genau dadurch endlich wieder wahrhaft Sie selbst zu sein. Machen Sie sich eine sichere Tatsache bewusst, es ist so, dass auf Dauer nur verschlossene und verhärtete Herzen verletzbar sind, vor denen Mauern und Barrieren errichtet werden. Erzengel Sandalphon kann Ihnen dabei helfen, sämtliche Mauern, Barrieren, Verhärtungen, die Sie um Ihr Herz errichtet haben, aufzulösen.

Er kann Ihr Herz öffnen und Ihnen zeigen, wie wunderbar es ist, mit einem vollkommen offenen Herzen durchs Leben zu gehen. Denn gemäß dem Gesetz der Resonanz ist es so, dass Sie, wenn Sie Ihr Herz verschließen, automatisch Menschen in Ihrem Leben anziehen werden, die versuchen die Mauern um Ihr Herz einzureißen und diese Menschen sind in aller Regel nicht sehr sanft bei dem was sie tun. Wenn Sie im Gegensatz dazu mit einem liebevollen und offenen Herzen durch das Leben gehen, dann ziehen Sie wiederum offenherzige und absolut liebevolle Menschen in Ihr Leben, die Ihnen gut tun werden.

Chakra: Erzengel Sandalphon ist zuständig für Ihr Wurzelchakra
Farbe: Magenta

Für welche Lebensbereiche ist Erzengel Sandalphon zuständig?

- ✭ Erzengel Sandalphon ist der sogenannte Wunscherfüllungsengel, als solcher nimmt er sich all Ihrer Gebete an und trägt diese klar und unverfälscht zu unserem Schöpfer, wo sie sofort gehört und beantwortet werden und hilft Ihnen dadurch bei der Erfüllung all Ihrer Herzenswünsche.

- ✭ In Situationen, wo Sie das Gefühl haben Sicherheit, Bodenhaftung und Stabilität verloren zu haben, kann Erzengel Sandalphon Ihnen helfen, all das zurückzugewinnen.

- ✭ Wenn Sie auf der Suche nach der idealen Partnerschaft sind, dann kann Erzengel Sandalphon, wenn Sie ihn darum bitten, Ihre Zwillingsseele in Ihr Leben bringen und Sie beide zusammenführen.

- ✭ Bei tiefen Verletzungen und Wunden in Ihrer Seele, wo Sie der Heilung bedürfen, ist Erzengel Sandalphon der richtige Ansprechpartner, er kann all diese Wunden heilen und Ihr Herz wieder öffnen.

- ✭ Erzengel Sandalphon kann Ihnen helfen, wieder in Kontakt mit Ihrem inneren Kind zu kommen und Ihr inneres Kind heilen, so dass Sie die Welt wieder mit unschuldigen Augen eines Kindes betrachten können und das Leben wieder auf unbefangene Art und Weise leben können.

⭐ Wenn Sie das Gefühl haben, nur Menschen um sich herum zu haben, die nicht liebevoll und offen mit Ihnen umgehen, kann Erzengel Sandalphon dafür sorgen, dass Sie wieder liebevolle und offenherzige Menschen in Ihr Leben ziehen.

⭐ Wenn Sie nicht weinen können und/ oder das Gefühl haben, dass viele Tränen in Ihnen sind, die heraus wollen, dann kann Erzengel Sandalphon Ihnen dabei helfen, Ihre ungeweinten Tränen endlich zu weinen, so dass Ihre Seele davon befreit und entlastet wird.

⭐ Wenn Sie mit einer "Fassade" durchs Leben gehen, die aus Verhärtungen, Angst und Frustrationen besteht, dann kann Erzengel Sandalphon Ihnen helfen, Ihre verletzliche, sensible Seite wieder leben zu können. Er kann all diese Verhärtungen auflösen.

Gebete zu Erzengel Sandalphon

Grundsätzlich ist es, wie Sie ja bereits wissen vollkommen egal, wie Sie beten und ein einfaches "Erzengel Sandalphon hilf mir" reicht natürlich vollkommen aus, dennoch möchte ich Ihnen einige Gebete vorstellen, die Ihnen das Beten zu Erzengel Sandalphon erleichtern können.

- ✯ Lieber Gott, lieber Erzengel Sandalphon, ich rufe Euch herbei. Ich danke Euch von ganzem Herzen, dass Ihr mir helft, immer den Boden unter den Füßen zu behalten. Ich bitte von ganzem Herzen, dass ich die Bodenhaftung in meinem Leben immer behalte. Erzengel Sandalphon, ich danke Dir von ganzem Herzen, so ist es. Amen.

- ✯ Lieber Gott, lieber Erzengel Sandalphon, ich rufe Euch herbei. Ich danke Euch von ganzem Herzen, dass Ihr bei mir seid und mich unterstützt in meiner Selbstliebe. Ich bitte von ganzem Herzen, mir meine Zwillingsseele zu bringen, damit ich in der für mich idealen Partnerschaft leben kann. Erzengel Sandalphon, ich danke Dir von ganzem Herzen, so ist es. Amen.

- ✯ Lieber Gott, lieber Erzengel Sandalphon, ich rufe Euch herbei. Ich danke Euch von ganzem Herzen, dass ich in Kontakt mit meinem inneren Kind bin.

Ich bitte darum, dass ich die Welt wieder mit den unschuldigen Augen eines Kindes betrachten kann. Erzengel Sandalphon, ich danke Dir von ganzem Herzen, so ist es. Amen.

Affirmationen zu den Energien von Erzengel Sandalphon

- Ich bin stets gut geerdet und habe immer Boden unter meinen Füßen.

- Ich bin in einer glücklichen Partnerschaft mit meiner Zwillingsseele angekommen.

- Ich bin in Kontakt mit meinem inneren Kind und sehe die Welt mit den Augen eines Kindes.

- Ich bin im Hier und Jetzt, die Wunden der Vergangenheit haben mich wachsen lassen.

- Ich habe liebevolle Freunde und Bekannte mit einem offenen Herzen.

- Ich kann alle Tränen weinen, die geweint werden müssen.

- Ich ehre und liebe meine Sensitivität und meine Sensibilität

Erzengel Michael

Ich denke fast jeder von Ihnen wird seinen Namen schon einmal gehört haben.

Erzengel Michael ist der Krieger unter den Erzengeln, dies erkennen Sie sehr gut an seinem Flammenden Schwert, mit dem er auf Bildern dargestellt wird. Er ist wie gesagt ein Krieger, allerdings führt er seine Kämpfe immer im Sinne des göttlichen Gesetzes. Er kämpft mit Licht und Liebe.

Er zählt zu den Mächtigsten unter den Erzengel und wird von vielen Menschen häufig fälschlicherweise an der Spitze der Gruppe der Erzengel gesehen, was Sie ja jetzt bereits besser wissen, denn an der Spitze steht natürlich der mächtige Seraphim Erzengel Metatron.

Wenn Sie sich in einer Gefahrensituation befinden und Hilfe brauchen, ist es das beste, was Sie tun können, Erzengel Michael anzurufen und um seine Hilfe zu bitten. Er ist der Erretter aus Gefahren! Laut biblischer Überlieferung hat er Daniel aus der Löwengrube befreit. Bei seiner Kreuzigung sprach Jesus Christus über Erzengel Michael und die Größe seiner Macht. Jesus sagte, dass wenn er darum bitten würde, Michael sofort komme mit seinen Heerscharen von Kriegerengeln, um ihn vom Kreuz zu befreien. Dies zeigt die große Macht des Erzengels Michael eindeutig und eindrucksvoll. Unter

Erzengel Michael stehen zahllose Kriegerengel, die uns und das Himmelreich behüten und beschützen vor dem Schatten und dafür sorgen, dass nur Energien von Licht und Liebe ins Himmelreich gelangen können. Erzengel Michael ist der Engel, der in der Offenbarung als Bezwinger des Tieres benannt wird, also er wird den letzten Kampf gegen den Teufel kämpfen und ihn niederstrecken.

Erzengel Michael ist der Engel, der einst Erzengel Luzifer aus dem Himmel in die Hölle hinabstürzte. Er strahlt eine gewaltige Macht und Stärke aus. Wenn Erzengel Michael Ihnen erscheint oder Sie seine Gegenwart fühlen, werden Sie sofort ein Gefühl allertiefsten Respektes und der Demut in sich tragen vor seiner unendlichen göttlichen Macht aus Licht und Liebe.

Erzengel Michael bekämpft alle negativen und toxischen Energien mit seinem Flammenden Schwert, welches aus reiner göttlichen Energie gemacht ist. Wie alle Engel empfindet natürlich auch Erzengel Michael eine unendliche und bedingungslose Liebe für uns Menschen. Wenn Sie also Erzengel Michael um seine Hilfe bitten, wird er auf der Stelle an Ihre Seite eilen, um Ihnen zu helfen. Es ist natürlich auch hier wieder wichtig, dass Sie ihn bitten, denn Sie haben ja bereits gelernt, dass Engel nur dann helfen dürfen, wenn Sie es ihnen durch Ihre Bitte erlauben und auch Erzengel Michael niemals gegen

Ihren freien Willen handeln.

Wenn Sie etwas gegen die Schattenanteile Ihrer Seele tun möchten und sich voll und ganz auf das Licht konzentrieren wollen, hilft Erzengel Michael. Sollten Sie dies zur Zeit aus verschiedenen Gründen nicht schaffen, sondern in einer von Angst beherrschten Realität leben, kann Erzengel Michael Ihnen helfen, das Gute in Ihnen zu stärken und den Schatten aus Ihrer Seele zu vertreiben.

Erzengel Michael kann Ihnen helfen, alle Ihre schadhaften Angewohnheiten abzulegen und er kann Sie vor schädlichen Dingen, die aus Ihren eigenen Gedanken kommen, schützen. Er kann, wenn Sie dazu bereit sind und dies wirklich wollen, alle Ihre negativen Gedankenmuster auflösen und in neue positive Glaubenssätze verwandeln. Erzengel Michael kann das innere Licht Ihrer Seele stärken und zum Strahlen bringen, in dem er Ihren Körper, Ihren Geist und Ihre Seele von allen schädlichen oder toxischen, auf Angst basierenden Energien befreit.

Wenn Sie sich hier und jetzt entscheiden, Ihren Lebensweg gemeinsam mit Erzengel Michael zu gehen, wird er Sie auf den Pfad des göttlichen Gesetzes von Licht und Liebe führen. Natürlich lässt er Ihnen die Entscheidung immer frei, ob Sie diesen Weg, der für alle Menschen natürlich das beste ist was passieren kann, gehen wollen oder ob Sie diesen Weg verlassen wollen. Aber wenn Sie arbeiten, wird er stets um Sie bemüht sein und Sie mit seiner temperamentvollen Art immer wieder versuchen auf- und wachzurütteln, um Sie so wieder auf den Weg unseres Schöpfers zurückzuholen.

Wenn Sie negative oder dunkle Fremdenergien von negativen Wesenheiten in Ihrer Nähe wahrnehmen, ist das Beste, was Sie tun können, Erzengel Michael sofort anzurufen und ihn um seine Hilfe zu bitten. Sobald Sie dies getan haben, wird Erzengel Michael sofort und ohne jede Verzögerung an Ihrer Seite sein und alle negativen, toxischen Energien oder Wesenheiten, die nicht von göttlicher Liebe sind, mit seinem Flammenden Schwert aus Ihrem Umfeld vertreiben.

Ebenso kann der mächtige Erzengel Michael negative Gedanken, welche Ihnen evtl. von anderen Menschen geschickt werden und die bei Ihnen ankommen, von Ihnen und aus Ihrem Umfeld mit seinem Flammenden Schwert entfernen. Wenn Sie das Gefühl haben, dass ein anderer Mensch aus der Ferne bei Ihnen angedockt hat durch intensive Gedanken an Sie und dadurch Ihre Energie verloren geht, bzw. Sie die Ängste der anderen Person spüren, dann ergibt es absolut Sinn, Erzengel Michael sofort zu bitten, alle Schnüre, Schläuche und Ketten, die durch diese Person gerade an Ihnen anhaften, und auch die evtl. von Ihnen zu diesem Menschen gehen, mit seinem Flammenden Schwert zu durchschneiden. Dies wird er dann unendlich gerne für Sie tun. Sie haben nichts dabei zu befürchten, denn die Bänder der Liebe werden niemals getrennt.

Sie können natürlich auch vorbeugend handeln, denn Erzengel Michael wird Sie, wenn Sie dies wünschen, immer und zu jeder Zeit behüten und beschützen vor allem Negativen und vor jeder toxischen Energie. Wenn Sie also befürchten, dass negative Energien auf Sie zukommen könnten, Ihnen jemand Schlechtes wünschen könnte oder Sie einfach grundsätzlich Angst davor haben, können Sie Erzengel Michael ganz einfach um seinen Schutz bitten, den er Ihnen unendlich gerne und sofort gewähren wird, natürlich auch sehr gerne Ihr ganzes Leben lang.

Sollten Sie grundsätzlich ein Mensch sein, der voller Ängste ist und Ihre Ängste vielleicht sogar so stark sind, dass Sie Ihr Leben beeinträchtigen und Sie sich dadurch im Leben behindert fühlen, dann wird Ihnen Erzengel, Michael, wenn Sie ihn darum bitten, Mut, Kraft und innere Stärke zurückgeben, damit Sie endlich wieder glücklich und angstfrei durchs Leben gehen können.

Chakra: Erzengel Michael ist zuständig für Ihr Kehlchakra

Farbe: Königsblau, purpur

Für welche Lebensbereiche ist Erzengel Michael zuständig?

✫ Wenn Sie sich immer wieder in Opferrollen befinden oder sich als Opfer äußerer Umstände oder anderer Menschen fühlen, kann Erzengel Michael ihnen helfen sich aus der Opferrolle zu befreien und zu erkennen, dass Sie allein verantwortlich für Ihr Leben sind.

✫ Wenn Sie sich sehr kraftlos und "down" fühlen, kann Erzengel Michael Ihre eigenen Energiereserven wieder auffüllen und Ihnen dadurch zu Schwung und Vitalität verhelfen.

✫ Bei starken Selbstzweifeln an Ihrer eigenen Person oder sogar Selbstverurteilungen kann Erzengel Michael Ihnen neues Selbstbewusstsein und ein starkes und stabiles Selbstwertgefühl schenken, damit Sie endlich wieder mit erhobenem Haupt durchs Leben schreiten können.

✫ Erzengel Michael kann zu einem guten und gesunden Schlaf beitragen, wenn Sie häufig unter Alpträumen leiden kann Erzengel Michael diese für Sie vertreiben, und nur gute und schöne Träume zu Ihnen durchkommen lassen.

✳ Wenn Sie das Gefühl oder den Gedanken haben, dass negative Energien in Ihr Leben kommen könnten, kann Erzengel Michael Sie schützen, indem er dafür sorgt, dass nur reine göttliche Energien von Licht und Liebe zu Ihnen gelangen können.

✳ Erzengel Michael kann Ihnen helfen, wenn Sie das Gefühl haben, Sie wissen nicht wohin mit sich selbst, Ihre tiefe innere Wahrheit zu finden, diese voll und ganz in Ihr Leben zu integrieren und dadurch sich selbst endlich wieder genießen zu können.

✳ Wenn Sie negative Energien oder Wesenheiten um sich herum haben, kann Erzengel Michael Sie von aller Negativität und sämtlichen toxischen Energien befreien.

Gebete zu Erzengel Michael

Grundsätzlich ist es, wie Sie ja bereits wissen vollkommen egal, wie Sie beten und ein einfaches "Erzengel Michael bitte hilf mir" reicht natürlich vollkommen aus, dennoch möchte ich Ihnen einige Gebete vorstellen, die Ihnen das Beten zu Erzengel Michael erleichtern können.

- ✫ Lieber Gott, lieber Erzengel Michael, ich rufe Euch herbei. Ich danke Euch von ganzem Herzen, dass Ihr mir helft in meine Kraft und Stärke zu kommen. Geliebter Erzengel Michael, bitte hilf mir zu erkennen, dass ich allein für mein Leben verantwortlich bin, damit ich mich aus jeder Opferrolle befreien kann. Erzengel Michael, ich danke Dir von ganzem Herzen, so ist es. Amen.

- ✫ Lieber Gott, lieber Erzengel Michael, ich rufe Euch herbei. Ich danke Euch von ganzem Herzen, dafür dass Ihr mir mit Eurer Energie täglich zur Seite steht. Geliebter Erzengel Michael, ich bitte Dich von ganzem Herzen hilf mir wieder in meine Kraft und Stärke zu kommen und lade meine Energiereserven wieder auf. Erzengel Michael, ich danke Dir von ganzem Herzen, so ist es. Amen.

- ✫ Lieber Gott, lieber Erzengel Michael, ich rufe Euch herbei. Ich danke Euch von ganzem Herzen, dafür dass ich von Gott perfekt geschaffen wurde. Geliebter Erzengel Michael, ich bitte Dich von ganzem Herzen, hilf mir dabei, meinen wahren Wert wieder zu erkennen, und alle Zweifel gegenüber meiner eigenen Person abzulegen. Erzengel Michael, ich danke Dir von ganzem Herzen, so ist es. Amen.

✸ Lieber Gott, lieber Erzengel Michael, ich rufe Euch herbei. Ich danke Euch von ganzem Herzen, dafür dass Ihr jede Nacht bei mir seid und über mich wacht. Geliebter Erzengel Michael, bitte vertreibe alle Albträume, die nachts zu mir kommen wollen und lass schöne und angenehme Träume zu mir kommen, damit ich mich im Schlaf vollkommen erhole.Erzengel Michael, ich danke Dir von ganzem Herzen, so ist es. Amen.

✸ Lieber Gott, lieber Erzengel Michael, ich rufe Euch herbei. Ich danke Euch von ganzem Herzen, dass Ihr mit Eurer Liebe und Eurem Licht immer an meiner Seite wacht. Geliebter Erzengel Michael, ich bitte Dich von ganzem Herzen, schütze mich vor jeder negativen Energie, so dass nur Energien von Licht und Liebe zu mir kommen können. Erzengel Michael, ich danke Dir von ganzem Herzen, so ist es. Amen.

Affirmationen zu den Energien von Erzengel Michael

- ☆ Ich bin zu hundert Prozent verantwortlich für alles, was in meinem Leben geschieht.

- ☆ Ich bin mutig, kraftvoll und gehe selbstbewusst voran.

- ☆ Ich bin selbstbewusst und stark und bin der wichtigste Mensch in meinem Leben.

- ☆ Meine Träume sind immer positiv und beflügelnd, ich schlafe gut.

- ☆ Zu mir kommen nur Energien aus der höchsten Quelle, Energien von Licht und Liebe.

- ☆ Ich bin ganz in meiner Wahrheit und bringe meine Wahrheit liebevoll und mutig zum Ausdruck.

Erzengel Gabriel

Erzengel Gabriels Namen werden wohl die meisten von Ihnen schon mal gehört haben, denn er zählt zu den bekanntesten unter den Erzengeln. Erzengel Gabriels Name bedeutet "Die Macht Gottes". Er ist der Engel der Verkündung, der Geburt und der Hoffnung.

Nach der biblischen Überlieferung ist er der Engel, der Maria erschienen ist und ihr die Empfängnis ihres Sohnes durch den Heiligen Geist ankündigte und ihr mitteilte, dass sie den Sohn Gottes gebären soll. Als Jesus geboren wurde, erschien Erzengel Gabriel den Hirten, denen er verkündete, dass der Heiland, der Sohn Gottes auf die Welt gekommen war.

Erzengel Gabriel hat die Aufgabe, die noch nicht geborenen Seelen auf ihren Weg bis zur Empfängnis zu begleiten. Nach der Geburt ist Erzengel Gabriel der Behüter und Beschützer der Kinder, er hilft ihnen bereits durch den Prozess der Geburt. Sobald ein Baby geboren ist, legt Erzengel Gabriel in all seiner Sanftheit seinen Daumen in die noch offene Fontanelle des Säuglings und führt dadurch das Vergessen herbei. Durch diesen Vorgang vergisst der neue Mensch alles, was vor diesem Leben war, also was in der letzten Inkarnation stattgefunden hat und was sich in der geistigen Welt abspielte. Dies ist unendlich wichtig, damit das neue Menschenkind unbeschwert und frei von allen alten Belastungen in sein neues Erdenleben startet und unbefangen diese Welt neu entdecken kann.

Im spirituellen Bereich steht Erzengel Gabriel für die Reinheit des Geistes. Er kann Ihnen helfen, sich vollkommen mit dem göttlichen Funken, der in jedem von uns wohnt, zu verbinden. Gott ist in jedem Menschen, er hat schließlich den Menschen nach seinem Bilde geschaffen. Erzengel Gabriel kann Ihnen helfen, wahrhaftige, klare und authentische göttliche Botschaften aus Licht und Liebe aus der geistigen Welt, direkt von unserem Schöpfer zu empfangen und diese wunderbaren Botschaften an andere Menschen weiterzugeben.

Wenn Sie das Gefühl haben, in einer Situation gefangen zu sein, sie keine Hoffnung mehr sehen und keinen Ausweg erkennen, kann Erzengel Gabriel Ihnen zeigen, wo die Lösung für diese Situation ist und Ihnen die Kraft geben, den Ausweg zu erkennen und aus dieser Situation Ihre Lektion zu lernen und den Ausweg zu finden. Sollten Sie einmal in einer Situation sein, in der Sie Probleme damit haben, jemanden die Wahrheit zu sagen, weil Sie vielleicht Angst haben, die andere Person durch die Wahrheit zu verletzen, kann Erzengel Gabriel Ihnen helfen, klar und deutlich und dennoch auf absolut liebevolle Art und Weise und zum höchsten Wohle aller beteiligten Personen die Wahrheit zum Ausdruck zu bringen.

Erzengel Gabriel bringt Gottes Wort zu den Menschen. Er kann Ihnen helfen, die wahren göttlichen Botschaften zu empfangen und dadurch Ihren göttlichen Lebensweg zu erkennen und zu verstehen. Mit Erzengel Gabriels Hilfe kann es Ihnen gelingen, Gottes Wege voll und ganz in Ihr

Leben aufzunehmen, Ihr göttliches Licht zu entfachen und im Namen Gottes in Licht und Liebe zu handeln.

Sie, wie jeder andere Mensch auf dieser wunderbaren Erde, haben unzählige Begabungen, Potenziale und Talente. Erzengel Gabriel kann Ihnen zeigen, wo genau Ihre Potenziale liegen und wie Sie diese in Ihr Leben integrieren. Er kann Ihnen zeigen, was Sie mit diesen wunderbaren von Gott gegebenen Talenten in der Welt bewirken und leisten können und wie Sie Ihr volles spirituelles Potenzial voll und ganz in sich entdecken und entfalten können. Denn genau Sie, wie jeder andere Mensch, sind unendlich wichtig und indem Sie dies anerkennen und entscheiden mit Erzengel Gabriel zu arbeiten, werden Sie erkennen, welchen Beitrag Sie zur Heilung der Menschheit und unseres ganzen Planeten leisten können. Sie können helfen, göttliches Bewusstsein in die Herzen der Menschen zu bringen, das mag jetzt wahnsinnig kompliziert klingen, aber ganz im Gegenteil, es ist absolut leicht und einfach, Sie müssen sich nur mit Erzengel Gabriel verbinden und Gottes unendliche Liebe in Ihrem Leben zulassen.

Erzengel Gabriel möchte alle Herzen, also natürlich auch Ihr Herz, erleuchten und uns alle auf dem Weg zur göttlichen Wahrheit begleiten. Er möchte, dass wir alle diese wunderbare Wahrheit von Gottes Liebe erleben können und dies können Sie sehr einfach, indem Sie sich Ihrem Spirit und dadurch Gott in Ihnen voll und ganz öffnen und Ihre Erfahrungen, die Sie auf dem Weg machen, mit möglichst vielen Menschen teilen und Ihnen zeigen, wie herrlich der Weg unseres allmächtigen Schöpfers ist und wie gut es einem jeden tut diesen wunderbaren Weg zu gehen und wie schön es für Sie persönlich war Ihr Herz für Gott zu öffnen. Lassen Sie natürlich jedem Menschen frei, ob er dies möchte. Verzweifeln Sie bitte nicht, wenn Sie den ein oder anderen Menschen nicht erreichen können mit diesen wundervollen Wahrheiten. Sie wissen ja Gott und die Engel richten und urteilen niemals und wir sollten dies natürlich auch nicht tun.

Viele Menschen haben noch das Bild eines strafenden und harten Gottes in sich, wie es leider fälschlicherweise über viele Jahrhunderte gelehrt wurde. Eltern haben ihren Kindern mit Sätzen gedroht wie: "Wenn Du nicht artig bist, dann kommst Du in die Hölle." Leider wurde damit vielen Menschen Angst vor unserem wundervollen Schöpfer gemacht und diese Angst sitzt bis heute vielfach bewusst oder unbewusst in den Köpfen der Menschen. Erzengel Gabriel will uns zeigen, dass dieses Bild vollkommen falsch ist, dass unser Schöpfer uns unendlich liebt, uns alles vergibt und niemals über uns urteilt oder richtet, also uns niemals bestraft, sondern in bedingungsloser Liebe immer und zu jeder Zeit an unserer Seite ist.

Chakra: Erzengel Gabriel ist zuständig für Ihr Nabelchakra
Farbe: weißgold

Für welche Lebensbereiche ist Erzengel Gabriel zuständig?

✫ Wenn Sie auf der Suche nach Ihren Lebenszielen sind, kann Ihnen Erzengel Gabriel dabei helfen, diese klar zu erkennen.

✫ In Situationen, wo Sie sich nicht klar sind, was Sie eigentlich möchten, kann Erzengel Gabriel Sie dabei unterstützen, sich wieder bewusst zu werden, was Sie sich im Leben wirklich von Herzen wünschen und Sie lehren, Ihre Wünsche klar und deutlich zu formulieren.

✫ Sollten Sie an einer Weggabelung stehen und nicht genau wissen, ob es richtig ist, sich für den rechten oder linken Weg zu entscheiden, kann Ihnen Erzengel Gabriel zeigen, welcher Weg für Sie der bessere und somit der richtige ist.

✫ Wenn Sie den Eindruck gewonnen haben, dass im Moment alles hoffnungslos scheint oder Sie sich in einer lähmenden Depression befinden, kann Erzengel Gabriel Ihnen helfen, wieder Licht am Horizont zu sehen und Sie aus diesem Zustand befreien.

✫ Erzengel Gabriel kann Ihnen helfen, wenn Sie aktuell in einer sehr destruktiven Lebensphase sind, aus dieser wieder ganz herauszufinden.

✭ Erzengel Gabriel kann Ihnen helfen. Ihr inneres Kind zu heilen.

✭ In Situationen, in denen Sie zwar merken, dass Sie ganz viele Visionen und innere Bilder haben, diese aber aus verschiedenen Gründen nicht klar verstehen können, kann Ihnen Erzengel Gabriel dabei helfen, Ihre Träume und Visionen wieder zu verstehen.

✭ Sollten Sie sich gerade innerlich sehr unsicher fühlen, kann Ihnen Erzengel Gabriel helfen, das innere Gefühl von Sicherheit zurückzugewinnen.

✭ Wenn Sie aktuell Schwierigkeiten haben, zu handeln oder notwendige Entscheidungen zu treffen, kann Ihnen Erzengel Gabriel bei der Entscheidungsfindung helfen und Ihnen Ihren Tatendrang zurückgeben.

Gebete zu Erzengel Gabriel

Grundsätzlich ist es, wie Sie ja bereits wissen vollkommen egal, wie Sie beten und ein einfaches "Erzengel Gabriel, bitte hilf mir" reicht natürlich vollkommen aus, dennoch möchte ich Ihnen einige Gebete vorstellen, die Ihnen das Beten zu Erzengel Gabriel erleichtern können.

- ✭ Lieber Gott, lieber Erzengel Gabriel, ich rufe Euch herbei. Ich danke Euch von ganzem Herzen, für all die wunderbaren Aufgaben, die ich in dieses Leben mitbekommen habe. Geliebter Erzengel Gabriel, ich bitte Dich von ganzem Herzen, hilf mir meine Lebensziele wieder klar erkennen zu können. Erzengel Gabriel, ich danke Dir von ganzem Herzen, so ist es. Amen.

- ✭ Lieber Gott, lieber Erzengel Gabriel, ich rufe Euch herbei. Ich danke Euch von ganzem Herzen, dass Ihr meinem Leben einen Sinn schenkt. Geliebter Erzengel Gabriel, ich bitte Dich von ganzem Herzen, hilf mir wieder Ziele in meinem Leben zu entwickeln und diese zu verfolgen. Erzengel Gabriel, ich danke Dir von ganzem Herzen, so ist es. Amen.

✫ Lieber Gott, lieber Erzengel Gabriel, ich rufe Euch herbei. Ich danke Euch von ganzem Herzen dafür, dass Ihr mir jeden Wunsch von den Augen ablest. Geliebter Erzengel Gabriel, ich bitte Dich von ganzem Herzen, hilf mir über meine wirklichen Herzenswünsche bewusst zu werden. Erzengel Gabriel, ich danke Dir von ganzem Herzen, so ist es. Amen.

✫ Lieber Gott, lieber Erzengel Gabriel, ich rufe Euch herbei. Ich danke Euch von ganzem Herzen, dass Ihr mich auf jedem Weg begleitet. Geliebter Erzengel Gabriel, ich bitte Dich von ganzem Herzen hilf mir mich immer für den richtigen Weg, der zu meinem höchsten Wohl gereicht zu entscheiden. Erzengel Gabriel, ich danke Dir von ganzem Herzen, so ist es. Amen.

✫ Lieber Gott, lieber Erzengel Gabriel, ich rufe Euch herbei. Ich danke Euch von ganzem Herzen, dafür dass Ihr täglich meinen Lebensmut stärkt. Geliebter Erzengel Gabriel, ich bitte Dich von ganzem Herzen hilf mir, mich aus meiner Depression und Antriebslosigkeit zu befreien. Erzengel Gabriel, ich danke Dir von ganzem Herzen, so ist es. Amen.

✫ Lieber Gott, lieber Erzengel Gabriel, ich rufe Euch herbei. Ich danke Euch von ganzem Herzen für meine Intelligenz. Geliebter Erzengel Gabriel, ich bitte Dich von ganzem Herzen, hilf mir dabei mein neu erworbenes Wissen zu festigen.Erzengel Gabriel, ich danke Dir von ganzem Herzen, so ist es. Amen.

Affirmationen zu den Energien von Erzengel Gabriel

- ✯ Ich sehe und erkenne die Ziele meines Lebens klar und deutlich.

- ✯ Ich weiß ganz genau, was mein Herz sich wirklich wünscht.

- ✯ Ich bin gut gelaunt und lebensfroh.

- ✯ Ich bin immer konstruktiv in meinem Leben.

- ✯ Ich bin stets optimistisch, weil ich alle meine Ziele erreiche.

- ✯ Ich verstehe meine inneren Bilder und Visionen und setze diese in die Tat um.

- ✯ Ich bin selbstsicher und voller Entscheidungskraft und Tatendrang.

- ✯ Ich habe eine leichte, einfache und positiv verlaufende Schwangerschaft.

Erzengel Raphael

Jetzt möchte ich Ihnen vom großen Heiler unter den Engeln berichten. Erzengel Raphaels Name bedeutet "Heiler Gottes" oder "Gott heilt". Er ist, wie sein Name schon vermuten lässt, der Engel der Heilung. Er kann Ihren Genesungsprozess unterstützen, wenn Sie krank sind, mit seiner Hilfe lässt sich alles heilen. Wenn Sie irgendwo schon einmal von einer sogenannten Wunderheilung hörten, war es immer Erzengel Raphael, der diese Heilung herbeigeführt hat.

Erzengel Raphael unterstützt außerdem alle Menschen, die in heilenden Berufen tätig sind: Ärzte, Heilpraktiker Kranken- und Altenpfleger/innen, Heiler usw. In jedem Krankenhaus oder anderen Gebäude, in denen es darum geht, Kranke zu heilen, werden Sie immer auch Erzengel Raphaels Energie wahrnehmen können und seine Anwesenheit spüren können, denn sein Hauptanliegen ist, die Kranken gesund zu machen und sie von Leid zu befreien.

Erzengel Raphaels Heilungen wirken auf allen Ebenen, also auf Körper, Geist und Seele. Er heilt natürlich auch von Krankheit, aber es dreht sich bei seiner Art der Heilung nicht um eine Behandlung nur der akuten Symptome, sondern er will dafür sorgen, dass Sie wahrhaft "Heil werden" im Ganzen. Das heißt, er bringt

Körper, Geist und Seele wieder in Einklang, lässt Sie die energetische Ursache für Ihr Leiden erkennen und beseitigt diese, so dass die Heilung auch in der Tiefe der Seele Wirkung zeigt und sorgt dafür, dass all Ihre Körper wieder im Einklang miteinander und in Resonanz mit der göttlichen Quelle schwingen.

Manchmal ist es auch notwendig, dass wir Menschen eine Krankheit, ein Leiden komplett durchleben sollen, denn Krankheit dient unserem Körper auch als ein wertvolles Kommunikationsinstrument. Über den Weg der Krankheit kann Ihr Körper mitteilen, dass Sie sich in bestimmten Bereichen Ihres Lebens aktuell nicht wertschätzend, sondern schlecht behandeln oder behandeln lassen.

Wenn Sie nun Erzengel Raphael rufen und um Heilung bitten, wird er als erstes dafür sorgen, dass Sie die wahren und tiefsitzenden Ursachen für Ihr Leiden erkennen. Dies ist natürlich unendlich wichtig, damit Sie nicht nur kurzfristig die Symptome Ihres Körpers beseitigen, sondern wahrhaftig auf allen Ebenen Ihres Seins echte Heilung erfahren. Sogar die moderne Wissenschaft sagt, dass siebenundneunzig Prozent aller gesundheitlichen Defizite auf der seelischen und nur drei Prozent auf der körperlichen Ebene entstehen. Erzengel Raphael aber sagt zu mir, dass dies nur fast richtig ist, dazu ist seine Botschaft: *"Ihr Menschen kreiert Eure*

Realität und seid zu hundert Prozent für alle Eure Erfahrungen selbst verantwortlich!" Diese Erkenntnis ist wunderbar! Durch das Erkennen dieser Wahrheit, können wir uns mit Hilfe der Engel und Erzengel eine neue und nur noch positive Realität erschaffen.

Aus dem Gesagten geht natürlich hervor, dass zu jedem Heilungsprozess dazu gehört, dass Sie sehen und erkennen, was Ihnen Ihr Körper in Bezug auf Ihr Seelenleben mitteilen möchte, damit es verändert werden kann. Glücklicherweise kann dies alles sehr leicht und einfach gehen, wenn Sie es nur möchten und mit Ihrem freien Willen Entscheiden mit Erzengel Raphael zusammen zu arbeiten. Dies tun Sie, indem Sie ihn um seine Hilfe bitten und ihm damit erlauben, Ihnen vollkommene Gesundheit, Vitalität und Wohlbefinden auf allen Ebenen von Körper, Geist und Seele zu schenken und Ihnen Ihre individuelle Ursache für Ihr Leid zeigen zu dürfen.

Zum Zwecke Ihrer Heilung wird Erzengel Raphael Sie auf einen Weg der Selbstliebe, Selbstbejahung und in einen vollkommenen inneren Frieden führen. Er wird Ihnen Ruhe und Ausgeglichenheit schenken und wieder Humor in Ihr Leben bringen, denn denken Sie mal an die bekannte Redewendung: "Lachen ist die beste Medizin." Erzengel Raphael ist außerdem als der Engel der Reisenden bekannt. Wenn Sie also auf eine Reise gehen, sollten Sie ihn immer und unbedingt darum bitten, dass er Sie auf Ihrer Reise begleitet und beschützt. Er kann Sie dahingehend unterstützen, dass Ihre Reise den größtmöglichen Wohlfühl- und Erholungsfaktor erreichen wird. Also dass Sie auf allen Ebenen auf Ihrer Reise genau das bekommen, was Sie im Augenblick Ihrer Reise brauchen. Das Einzige, was Sie dazu tun müssen, ist Erzengel Raphael zu bitten, dass er ihnen begleitend und helfend auf Ihrer Reise zur Seite steht. Dann sollten Sie auf Ihre innere Stimme hören, die Ihnen genau sagt, wann es richtig ist, sich nur zu erholen und wann Sie Aktivitäten, wie zum Beispiel Sport benötigen. Sofern Sie das beachten, hat auch Ihre Reise eine heilende Wirkung für Sie.

Erzengel Raphael ist außerdem zuständig für den finanziellen Bereich. Er kann Ihnen helfen, zu Reichtum und Wohlstand in Ihrem Leben zu gelangen und Ihnen zeigen, dass dies die Dinge sind, die zu Ihrem Geburtsrecht gehören. Selbstverständlich wird Erzengel Raphael kein Geld vom Himmel regnen lassen, auch wenn er es könnte, denn wir haben ja bereits gelernt, dass Engel grenzenlose Wesen sind. Aber wir sind schließlich auf der Erde zum Lernen und Wachsen und nicht dafür, alles ohne unser Zutun zu bekommen. Aber Erzengel Raphael wird, wenn Sie ihn darum bitten, Sie führen und anleiten, welcher Weg für Sie individuell richtig ist, um zu Ihrem Geburtsrecht von Reichtum und

Wohlstand zu gelangen.

Chakra: Erzengel Raphael ist zuständig für Ihr drittes Auge (Stirnchakra)
Farbe: smaragdgrün

Für welche Lebensbereiche ist Erzengel Raphael zuständig?

⋆ Wenn Sie gerade das Gefühl haben, dass alles hoffnungslos erscheint, kann Erzengel Raphael Ihnen helfen, wieder Mut und Hoffnung in Ihrem Leben zu finden und dauerhaft zu behalten.

⋆ Erzengel Raphael kann Ihnen helfen, Körper, Geist und Seele in Einklang zu bringen und somit wieder **ganz** zu werden und auf allen Ebenen spirituelle Heilung zu erfahren und zu erleben.

⋆ Wenn Sie gerade unter einer akuten oder chronischen Krankheit leiden, kann Erzengel Raphael Ihnen helfen, die Heilung all Ihrer Körper zu fördern und Sie wieder zu vollkommener Gesundheit führen.

⋆ Sollten Sie noch krankmachende Glaubens- und Verhaltensmuster in sich tragen, welche Sie in Ihrem Leben behindern, kann Erzengel Raphael Ihnen bei der Auflösung dieser Muster helfen.

⋆ Erzengel Raphael kann dafür sorgen, dass sich all Ihre Zellen vollkommen regenerieren und er kann auf der Zellebene eine Verjüngung für Sie herbeiführen, so dass Sie sich vollkommen wohl fühlen.

※ Wenn Sie in die Hormonumstellung der Wechseljahre hinein kommen, kann Erzengel Raphael Ihnen helfen, diese Zeit um ein Vielfaches zu erleichtern und ohne unangenehme Nebenerscheinungen die Wechseljahre gut zu überstehen.

※ Wenn Sie in einem Heilberuf wie Arzt, Apotheker; Krankenschwester, Heilpraktiker, Heiler usw. tätig sind oder einen solchen ausüben möchten, unterstützt er Sie bei Ihrer Arbeit, um immer den größtmöglichen Heilerfolg bei Ihren Klienten und Patienten zu erzielen.

※ Erzengel Raphael kann Ihnen eine unendliche und ganz wertvolle Unterstützung sein, wenn es darum geht, sterbende Menschen oder Tiere zu begleiten.

※ Wenn bei Ihnen ein Krankenhausaufenthalt oder ein Aufenthalt in einer Kur oder Rehaklinik ansteht, kann Erzengel Raphael Ihnen helfen, den größtmöglichen Erfolg zu erzielen.

※ Erzengel Raphael kann Ihnen bei der Zusammenarbeit mit allen anderen Lichtwesen unterstützend zur Seite stehen.

※ Erzengel Raphael kann Sie zu innerem und äußerem Wohlstand und Reichtum führen.

Gebete zu Erzengel Raphael

Grundsätzlich ist es, wie Sie ja bereits wissen, vollkommen egal, wie Sie beten und ein einfaches "Erzengel Raphael hilf mir" reicht natürlich vollkommen aus, dennoch möchte ich Ihnen einige Gebete vorstellen, die Ihnen das Beten zu Erzengel Raphael erleichtern können.

- Lieber Gott, lieber Erzengel Raphael, ich rufe Euch herbei. Ich danke Euch von ganzem Herzen, dass ihr bei mir seid und ich auf Eure Hilfe vertrauen darf. Geliebter Erzengel Raphael, ich bitte Dich von ganzem Herzen, hilf mir, wieder Mut und Hoffnung in meinem Leben zu finden. Erzengel Raphael, ich danke Dir von ganzem Herzen, so ist es. Amen.

- Lieber Gott, lieber Erzengel Raphael, ich rufe Euch herbei. Ich danke Euch von ganzem Herzen, dass Ihr meinen wunderbaren Körper in allem unterstützt. Geliebter Erzengel Raphael bitte hilf mir, die Bedürfnisse meines Körpers zu würdigen und zu erfüllen. Erzengel Raphael, ich danke Dir von ganzem Herzen, so ist es. Amen.

- Lieber Gott, lieber Erzengel Raphael, ich rufe Euch herbei. Ich danke Euch von ganzem Herzen, ich danke Euch für die Vielfalt an gesunden Dingen auf unserem Planeten. Geliebter Erzengel Raphael ich bitte Dich von ganzem Herzen, dass Du mein ungesundes Verlangen in gesunde Bahnen lenkst, damit ich nur Lebensmittel und Getränke zu mir nehme, die meine Gesundheit fördern und meine Lebenskraft stärken. Erzengel Raphael, ich danke Dir von ganzem Herzen, so ist es. Amen.

✯ Lieber Gott, lieber Erzengel Raphael, ich rufe Euch herbei. Ich danke Euch von ganzem Herzen für all die wunderbaren Gelegenheiten, die Ihr mir in meinem Leben schenkt. Geliebter Erzengel Raphael, ich bitte Dich von ganzem Herzen, hilf mir, für alles dankbar zu sein, was mich glücklich macht. Erzengel Raphael, ich danke Dir von ganzem Herzen, so ist es. Amen.

✯ Lieber Gott, lieber Erzengel Raphael, ich rufe Euch herbei. Ich danke Euch von ganzem Herzen, für alles, was mich gesund macht. Geliebter Erzengel Raphael bitte unterstütze mich bei meiner Genesung und führe mich zu vollkommener körperlicher, seelischer und geistige Gesundheit. Erzengel Raphael, ich danke Dir von ganzem Herzen, so ist es. Amen.

Affirmationen zu den Energien von Erzengel Raphael

⭐ Ich bin in Kontakt mit der göttlichen Quelle und kann gefahrlos sehen.

⭐ Ich bin voller Mut Hoffnung und Zuversicht.

⭐ Körper, Geist und Seele schwingen bei mir absolut in Einklang

⭐ Ich bin vollkommen gesund, fit und voller Vitalität.

⭐ Meine Zellen sind jung und absolut gesund

⭐ Ich habe Reichtum und Wohlstand verdient und habe es bereits in meinem Leben.

⭐ Mein drittes Auge ist vollkommen geöffnet.

Erzengel Uriel

Nun kommen wir zu dem mächtigen Engel, der über die Friedensengel befiehlt und auf dem Weg ist, den Frieden in der Welt wiederherzustellen.

Erzengel Uriels Name bedeutet "Feuer Gottes". Er gilt seit Alters her als der Engel der Offenbarung und der Prophezeiung. Erzengel Uriel hat einst dem heiligen Johannes die Offenbarung diktiert, in der ausführlich prophezeit wurde, was auf die Menschheit zukommen wird, wenn sie nicht ins Umdenken und ins göttliche Bewusstsein kommt. Wenn Sie sich mit Erzengel Uriels Energie verbinden, kann er Ihnen die Geheimnisse der göttlichen Quelle offenbaren, Ihnen diese näher bringen und er wird Ihnen helfen, jegliche Pläne des göttlichen Rates vollkommen anzunehmen und zu verstehen. Denn wenn Sie diese verstehen, wird es in Ihrem Leben ab diesem Zeitpunkt keine dunklen Momente mehr geben; im Gegenteil, ab dann wird Ihr Leben von göttlichem Licht überstrahlt sein.

Erzengel Uriel kann Ihnen zeigen, wofür jede Situation in Ihrem Leben gut ist und wofür Sie verschiedene Situationen benötigen. Wenn Sie also in einer von Ihnen als absolut negativ empfundenen Situation festzustecken scheinen, kann Erzengel Uriel Ihnen zeigen, welche Lektion dahinter steckt und welche wunderbaren Chancen Ihnen diese Situation mitbringt. Er hilft Ihnen zu erkennnen, dass jede Situation Ihres Lebens niemals eine Strafe ist, denn wir haben ja gelernt, dass Gott und die Engel niemals urteilen und uns zu keiner Zeit bestrafen, sondern jede Situation beinhaltet immer Chancen zum spirituellen Wachstum. Erzengel Uriel kann Ihnen genau zeigen, wo in Ihrer speziellen Situation Ihre Lektion, die Sie lernen sollen, liegt. Er kann Ihnen helfen, sich dieser Situation zu öffnen, anstatt diese gleich als negativ beiseite zu legen und dadurch in Ihr Wachstum zu kommen.

Vielleicht haben Sie ja manchmal das Gefühl, Sie treten auf der Stelle, stecken in einer Entwicklungsstufe fest und kommen nicht weiter. Wenn dies der Fall ist dann ist es absolut an der Zeit für Sie, Erzengel Uriel anzurufen, ihn um seine Hilfe zu bitten und sich mit seiner wunderbaren Energie zu verbinden. Erzengel Uriel wird, wenn Sie in dieser scheinbar festgefahrenen Situation um seine Hilfe bitten, sofort zu Ihnen kommen und Ihnen den zündenden Funken, die zündende Idee eingeben, die Sie weiterbringen kann. Wenn Sie dann den Botschaften folgen, wird er Ihnen neue positive Inspirationen bringen und Ihnen neue Möglichkeiten und Wege für Ihr persönliches Wachstum zeigen.

Manchmal gibt es Situationen im Leben, in denen wir Menschen durch langjährigen Müßiggang das Licht Gottes in uns vergraben und verdrängt haben und dadurch dieses nicht mehr sehen können. Geht es Ihnen vielleicht manchmal auch so? Wenn ja, dann ist es an der Zeit für Sie, Erzengel Uriel um seine Hilfe zu bitten, denn er kann den Funken Gottes in Ihnen wieder zum Leuchten bringen, so dass Sie Gottes Licht wieder in sich spüren können. Denn eines sollten Sie wissen: Gottes

Licht und die Energie der Engel sind immer bei Ihnen, auch wenn Sie das gerade nicht fühlen können. In solchen Fällen haben Sie es nur verdrängt, aber Ihr Schöpfer - dessen können Sie sich absolut sicher sein - wird Sie niemals und zu keiner Zeit verlassen! Um das göttliche Feuer in Ihnen zu entfachen, muss also Erzengel Uriel nichts Neues in Ihnen entstehen lassen, sondern lediglich den Funken wieder zum Lodern bringen.

Wenn Sie nachts in den Sternenhimmel schauen, denken Sie doch einmal währenddessen an den mächtigen Erzengel Uriel, denn er ist der Regent der Sternenwelt und der Wächter über die Gesetze aller Welten. Damit wir nachts das wunderbare Funkeln der Sterne am Himmel sehen können, zündet Erzengel Uriel nachts die Sterne für uns an und sorgt dafür, dass sie die ganze Nacht leuchten und mit ihrem Licht die Nacht erhellen.

Als Wächter über die Gesetze aller Welten kümmert sich Erzengel Uriel darum, dass die göttlichen Gesetze wieder ins Bewusstsein aller Lebewesen im Universum gelangen, also wieder in den Vordergrund treten. Er überwacht deren Einhaltung, sprich die Einhaltung des göttlichen Gesetzes aus Licht und Liebe.

Erzengel Uriel gibt allen Wesen, die im Universum leben, die Kraft und die Energie, die sie benötigen und stärkt tatsächlich alle Lebensformen, die existieren, also alle Menschen, Tiere, Pflanzen und Mineralien.

Erzengel Uriel kann Ihnen durch seine wundervolle und überaus kraftvolle Energie zu wesentlich mehr Lebensfreude verhelfen, und er kann den Spaß und die Freude zurück in Ihr Leben bringen und diese wundervollen Energien verstärken.

Wenn Sie einmal plötzlich einen Blitz vor Ihren Augen wahrnehmen, dann ist es mit Sicherheit Erzengel Uriel, der hier sein Erscheinen ankündigt. Er gibt uns die sogenannten Geistesblitze. Erzengel Uriel kann Ihnen also den Geistesblitz bzw. die zündende Idee bringen, wenn Sie das Gefühl haben in einer Situation festzuhängen, die in Ihren Augen ausweglos erscheint. Erzengel Uriel erscheint, wenn auch nicht namentlich, bereits in der Bibel. Er war nämlich der Engel, der Noah den dringend notwendigen Geistesblitz und die Pläne zum Bau seiner Arche gab, die ja wie Sie sicherlich wissen, zum Erhalt des Lebens auf der Erde unendlich wichtig war.

Sollten Sie gerade in einer Lebenssituation sein, in der Sie nach Ihrem inneren Licht suchen oder das Gefühl haben, Ihr inneres Licht durch verschiedene Umstände mehr oder weniger verloren zu haben, dann sollten Sie sich dringend an Erzengel Uriel wenden, damit er Ihnen die notwendigen Schritte und Wege aufzeigen kann, um Ihr inneres Licht wiederzufinden.

Bei Depressionen und / oder dunklen Stimmungen und Stimmungsschwankungen ist es auch Erzengel Uriel, den Sie anrufen sollten, denn er ist der Ansprechpartner, der

Ihnen helfen kann - wenn Sie es ihm durch Ihre Bitte erlauben - aus jedem auch noch so tief erscheinendem Loch in Ihrem Leben einen Ausweg zu finden.

Chakra: Erzengel Uriel ist zuständig für Ihr Wurzelchakra
Farbe: Rot

Für welche Lebensbereiche ist Erzengel Uriel zuständig?

✭ Wenn Sie sich unbeweglich, energielos oder kraftlos fühlen, kann Ihnen Erzengel Uriel dabei helfen, sich aus diesen Zuständen zu befreien und Sie mit frischer Energie auffüllen. Erzengel Uriel kann Ihnen also Ihre verlorene Kraft und Power zurückbringen.

✭ Wenn Sie das Gefühl haben, sich in körperlichen Erstarrungs- oder Lähmungszuständen zu befinden, kann Ihnen Erzengel Uriels Energie dabei helfen, wieder zu einer tollen Dynamik und Beweglichkeit zu gelangen.

✭ Erzengel Uriels Energie kann Ihnen eine unendliche Unterstützung sein, wenn Sie sich antriebslos und energielos fühlen. Mit Hilfe seiner Energie können Sie Ihre Batterien wieder aufladen und dementsprechend Ihre Energiereserven wieder auffüllen.

✭ In Zeiten, in denen Sie vermehrt Ausdauer und Kraft benötigen und Sie das Gefühl haben, dass das Leben Sie überfordert, ist Erzengel Uriel in der Lage, Ihnen genau **die** Kraft und Ausdauer zu geben, welche Sie aktuell benötigen, um diese Lebenssituationen leichter durchzustehen.

⁕ Wenn die Freude am Leben in Ihnen aktuell nicht wirklich vorhanden ist, kann Erzengel Uriel Ihnen wieder die schönen Seiten des Lebens aufzeigen und Ihnen dabei helfen, wieder erfüllt von großer Freude am Lebensfluss teilzunehmen.

⁕ Sie haben gute Ideen und Gedanken, wie Sie Ihr Leben zum Positiven verändern können. Erzengel Uriels Energie kann Ihnen dabei helfen, Ihre Ideen Wirklichkeit werden zu lassen, so dass er Ihnen die Wege zeigt, wie Sie Ihre Ideen in Ihrem Leben zur Realität werden lassen und den größten Nutzen daraus ziehen können.

⁕ Wenn Sie sich aktuell sehr konfus fühlen, also Sie aktuell eine Zeit des Chaos und der Strukturlosigkeit in Ihrem Leben haben, dann kann Erzengel Uriels Energie Ihnen dabei helfen, Ihr Leben wieder neu zu ordnen und genau dadurch wieder Ordnung und Struktur in Ihr Leben zu bringen.

⁕ Sollten Sie aktuell in der Arbeit an neuen oder laufenden Projekten sein und Ihnen fehlen eventuell die notwendigen Ideen, kann Erzengel Uriels Energie Ihnen neue, wertvolle Impulse geben, die Sie zu den richtigen Ideen führen.

⁕ Wenn Sie das Gefühl haben, dass es im Moment nichts Schönes zu geben scheint, kann Erzengel Uriels Energie Ihren Blick für das Göttliche wieder schärfen und Ihnen dabei helfen, wieder die unendliche Schönheit der Natur und der gesamten Schöpfung zu sehen.

✭ In Ihrem Leben ist momentan alles mehr als nur stressig und Sie fühlen sich von diesem negativen Stress massiv überfordert? Dann kann Erzengel Uriels Energie Ihnen helfen, diese Stresssituationen zu meistern und in auch noch so großen Stresssituationen Raum für Ruhe und Erholung zu erschaffen, damit Sie Ihren inneren Ruhepol wieder finden.

✭ Wenn Sie sich in Ihrer beruflichen Situation nicht wirklich angekommen fühlen und merken, dass sich keine wirklichen Erfolge einstellen wollen, kann Erzengel Uriels Energie Ihnen helfen, Ihre Berufung zu finden und dadurch zu absolut großem geschäftlichen Erfolg zu gelangen.

✭ Vielleicht haben Sie sich schon einmal sagen hören, " das war schon immer gut...", obwohl es wesentlich bessere und neuere Wege gibt, die Sie leicht und einfach zu Ihren Zielen bringen könnten. Hier kann Erzengel Uriels Energie Ihnen helfen, alte, eingefahrene Wege zu verlassen und den Mut zu entwickeln, sich zu neuen Ufern und somit auch auf ganz neue Lebenswege zu begeben und diese erfolgreich zu meistern.

Gebete zu Erzengel Uriel

Grundsätzlich ist es, wie Sie ja bereits wissen vollkommen egal, wie Sie beten und ein einfaches "Erzengel Uriel hilf mir" reicht natürlich vollkommen aus, dennoch möchte ich Ihnen einige Gebete vorstellen, die Ihnen das Beten zu Erzengel Uriel erleichtern können.

- Lieber Gott, lieber Erzengel Uriel, ich rufe Euch herbei. Ich danke Euch von ganzem Herzen, dass ihr bei mir seid und ich auf Eure Hilfe vertrauen darf. Geliebter Erzengel Uriel, bitte hilf mir aus meiner Unbeweglichkeit wieder herauszufinden und bringe mir bitte meine Kraft zurück. Erzengel Uriel, ich danke Dir von ganzem Herzen, so ist es. Amen.

- Lieber Gott, lieber Erzengel Uriel, ich rufe Euch herbei. Ich danke Euch von ganzem Herzen, dass Ihr mich auf der körperlichen Ebene vollkommen unterstützt. Geliebter Erzengel Uriel, bitte hilf mir , mich aus meinen körperlichen Lähmungszuständen zu befreien und schenke mir wieder mehr Dynamik und Beweglichkeit. Erzengel Uriel, ich danke Dir von ganzem Herzen, so ist es. Amen.

- Lieber Gott, lieber Erzengel Uriel, ich rufe Euch herbei. Ich danke Euch von ganzem Herzen, dass Eure Präsenz mir jederzeit zur Seite steht. Geliebter Erzengel Uriel, ich bitte Dich, fülle meine Akkus wieder auf und schenke mir neue frische Energie für meinen Körper, meinen Geist und meine Seele. Erzengel Uriel, ich danke Dir von ganzem Herzen, so ist es. Amen.

★ Lieber Gott, lieber Erzengel Uriel, ich rufe Euch herbei. Ich danke Euch von ganzem Herzen für Eure Leichtigkeit und Bedingungslosigkeit, mit der ihr mir eine unendliche Unterstützung bietet. Geliebter Erzengel Uriel, ich bitte Dich von ganzem Herzen, bringe die Unbeschwertheit und Fröhlichkeit zurück in mein Leben. Erzengel Uriel, ich danke Dir von ganzem Herzen, so ist es. Amen.

★ Lieber Gott, lieber Erzengel Uriel, ich rufe Euch herbei. Ich danke Euch von ganzem Herzen für Eure unendliche Weisheit und dass ich daran jederzeit teilhaben darf. Geliebter Erzengel Uriel, ich bitte Dich von ganzem Herzen, gib mir die notwendigen und richtigen Ideen ein und hilf mir diese umzusetzen. Erzengel Uriel, ich danke Dir von ganzem Herzen, so ist es. Amen.

★ Lieber Gott, lieber Erzengel Uriel, ich rufe Euch herbei. Ich danke Euch von ganzem Herzen dafür, dass alles in diesem Universum nach der Ordnung des Schöpfers abläuft. Geliebter Erzengel Uriel, ich bitte Dich von ganzem Herzen, bringe Ordnung und

Struktur zurück in mein Leben. Erzengel Uriel, ich danke Dir von ganzem Herzen, so ist es. Amen.

✭ Lieber Gott, lieber Erzengel Uriel, ich rufe Euch herbei. Ich danke Euch von ganzem Herzen, für diesen wunderschönen Planeten, der für uns geschaffen wurde. Geliebter Erzengel Uriel, ich bitte Dich, hilf mir stets offene Augen für die unendliche Schönheit der Schöpfung zu haben und immer den göttlichen Funken in allem was ist, zu erkennen. Erzengel Uriel, ich danke Dir von ganzem Herzen, so ist es. Amen.

✭ Lieber Gott, lieber Erzengel Uriel, ich rufe Euch herbei. Ich danke Euch von ganzem Herzen dafür, dass immer gut für mich gesorgt wird und ich mich stets mit allem, was ich brauche versorgen kann. Geliebter Erzengel Uriel, ich bitte Dich von ganzem Herzen, meine Berufung zu erkennen und dadurch den höchsten beruflichen Erfolg bei meiner Karriere zu erreichen. Erzengel Uriel, ich danke Dir von ganzem Herzen, so ist es. Amen.

✭ Lieber Gott, lieber Erzengel Uriel, ich rufe Euch herbei. Ich danke Euch von ganzem Herzen für Eure immerwährende Begleitung auf meinem Lebensweg. Geliebter Erzengel Uriel, ich bitte Dich von ganzem Herzen, hilf mir, meine eingefahrenen

Wege und Muster zu verlassen und mich erfüllt von Freude auf neue Wege zu begeben. Erzengel Uriel, ich danke Dir von ganzem Herzen, so ist es. Amen.

Affirmationen zu den Energien von Erzengel Uriel

- Ich bin voller Energie, erfüllt vom Power und Kraft.

- Ich bin voller Dynamik und Beweglichkeit und genieße den Fluss des Lebens.

- Ich habe die Ausdauer, alle Aufgaben meines Lebens durchzustehen.

- Ich bin stets fröhlich und vergnügt, das Leben ist wundervoll.

- Mein Leben ist vollkommen in Ordnung und von einer wunderbaren Struktur erfüllt.

- Ich habe immer die richtigen göttlichen Impulse, die ich gerade brauche.

- Ich sehe in Allem stets das Göttliche und genieße die Schönheit der Natur.

- Ich bin immer ruhig und gelassen und handle stets aus meiner inneren Mitte.

Erzengel Chamuel

Erzengel Chamuel ist ein Engel mit einer wundervollen sanften und dennoch leidenschaftlichen Energie. Dies verrät schon sein Name. Die Bedeutung des Namens Erzengel Chamuel ist "Feuer aus Gottes Herz" oder auch "Gott ist mein Ziel". Er ist der Erzengel der Liebe, und er regiert die Liebesengel, die unter ihm stehen. Nach den kosmischen Prinzipien ist er auch der Engel des Krieges, was wir aber richtig verstehen müssen, denn in kriegerischen Situationen ist es Erzengel Chamuels Aufgabe, die Herzen der Menschen zu erweichen, damit bei ihnen ein Prozess des Erkennens eintritt und diejenigen, die für diese kriegerischen Handlungen verantwortlich sind, das göttliche Gesetz von Licht und Liebe erkennen. Erzengel Chamuels Anliegen ist es, allen Menschen, die an einem Krieg beteiligt sind, zu lehren, wie man eine Lösung zum höchsten Wohle aller beteiligten Personen finden und somit einen Weg erfüllt von Frieden beschreiten kann.

Er ist außerdem der sogenannte "Findeengel", und kann uns durch diese Aufgabe helfen alles zu finden, was wir gerade in unserem Leben brauchen und was in Wahrheit längst vorhanden ist, zum Beispiel die passende Beziehung, den für uns richtigen Job, die passende Wohnung und so weiter.

Erzengel Chamuel kann Ihnen bei allen Konflikten und Streitigkeiten in jeder zwischenmenschlichen Beziehung helfen, wenn Sie ihn darum bitten. Er wird Ihnen konstruktive und positive Lösungen für die Konfliktsituationen aufzeigen, die stets dem höchsten Wohl aller beteiligten Personen dienlich sind. Wie schon erwähnt, ist er zuständig für die Schlichtung kriegerischer Situationen und dies gilt ebenso im Kleinen wie im großen Ganzen. Wenn wir ihn in solchen Situationen anrufen, wird Erzengel Chamuel uns stets Lösungen aufzeigen, welche dafür sorgen, dass alle an der Situation mitwirkenden Menschen erfüllt von wahrer Zufriedenheit aus dieser Situation herausgehen. Er verwandelt dann jede Aggression und kämpferische Energie in Frieden im Herzen. Dies führt dann zu einen sanften, von göttlicher Liebe erfüllten Weg, der uns mit Freude ausfüllt. Er hilft uns dann wieder in eine Energie der Kooperationbereitschaft zu finden, damit wir Kompromisse eingehen können, mit denen wirklich jeder einverstanden sein wird.

Er sorgt durch seine wunderschöne Energie dafür, dass wir dann wieder in versöhnliche Stimmungen gelangen können und somit einer herrlichen Versöhnung nichts mehr im Wege steht.

Gehören Sie vielleicht auch zu den Menschen, die übersozial sind, also sich stets und immer um die Sorgen Anderer kümmern und sich selbst bei all dem vergessen? Wenn ja dann brauchen Sie unbedingt Erzengel Chamuels Hilfe. Denn er kann dabei helfen, endlich zu erkennen, dass Sie der wichtigste Mensch in Ihrem Leben sind, damit Sie in erster Linie gut für sich selbst sorgen können. Dazu gehört auch gehört, das Wort "NEIN" zu erlernen und nur dann Dinge für andere zu tun, wenn dies auch Ihrem eigenen höchsten Wohl dienlich ist. Er kann Ihnen beibringen, die manchmal notwendige Strenge an den Tag zu legen und Ihnen den Mut geben, zu Ihrer inneren Wahrheit und zu Ihren inneren Überzeugungen zu stehen, damit Sie sich aus gewissen Opferrollen befreien können. Mit seiner Hilfe können Sie lernen, sich in gar keinem Fall von anderen Menschen unterdrücken zu lassen, sondern im Gegenteil klar, deutlich und dennoch liebevoll Ihre ganz persönlichen Grenzen zu setzen, die in Ihren Augen niemand überschreiten darf.

Zu Erzengel Chamuels Aufgaben gehört es außerdem, unsere kreativen und musischen Talente zum Vorschein zu bringen. Er kann diese wundervollen Fähigkeiten auch bei Ihnen fördern und erweitern. Er inspiriert Künstler wirklich große und wunderbare Werke zu erschaffen. Erzengel Chamuel hat zum Beispiel Leonardo Da Vinci zu seinem größten Meisterwerk inspiriert, der Mona Lisa, welche - wie Sie sicherlich wissen - im Louvre zu bewundern ist und wohl das bekannteste Werk des Künstlers darstellt.

In der bereits erwähnten Funktion als "Findeengel" kann Erzengel Chamuel Ihnen eine unendlich große Hilfe und Unterstützung sein, verlorene oder verlegte Gegenstände wiederzufinden. Er kann Sie außerdem dabei unterstützen, wenn Sie auf der Suche nach etwas ganz Bestimmten sind, zum Beispiel ein passendes Möbelstück, ein passendes Haus, die passende Wohnung und so weiter, zu finden. Des Weiteren unterstützt Sie Erzengel Chamuel bei der Suche nach Ihrer/ Ihrem Seelengefährten/ Seelengefährtin, denn er ist sowohl der Engel der Liebe als auch der "Findeengel" und kann uns wahre und echte Liebe in unser Leben bringen.

Chakra: Erzengel Chamuel ist zuständig für Ihr Herzchakra
Farbe: rosa und orange

Für welche Lebensbereiche ist Erzengel Chamuel zuständig?

✯ Wenn Sie auf der Suche nach einer wundervollen Liebesbeziehung sind, kann Erzengel Chamuel Ihnen helfen, Ihren Seelengefährten zu finden, ihn kennenzulernen und mit ihm anzukommen.

✯ Sollten Sie einmal etwas verloren oder verlegt haben, dann kann Erzengel Chamuel Ihnen dabei helfen, diesen Gegenstand wiederzufinden, indem er Ihre Intuition stärkt.

✯ Sollten Sie zu den Menschen gehören, die ihren eigenen Wert nicht sehen können, dann kann Erzengel Chamuel Ihnen helfen, die Liebe in Ihnen und vor allem zu sich selbst zu erlangen, zu intensivieren und zu verfestigen, damit Sie erkennen, wie wundervoll und wertvoll Sie in Wahrheit sind.

✯ Wenn die Sorgen und Aufgaben des Alltags Sie erdrücken und Sie sich fragen, wie Sie das noch alles schaffen sollen, dann kann Erzengel Chamuel Ihnen Wege aufzeigen, wie Sie sich Ihr Leben erleichtern können, um den Alltag wieder mit Leichtigkeit zu meistern.

✯ Vielleicht fehlen Ihnen Zeit und Raum für Vergnügungen und Spaß in Ihrem Leben? Wenn dies der Fall ist, kann Erzengel Chamuel Ihnen helfen, hier wieder Zeitfenster für Sie zu erschaffen.

✯ Erzengel Chamuel kann Ihnen eine unendliche Hilfe sein, zu lernen sich selbst nicht mehr einzuschränken und zu lernen, sich auf vollkommene Art und Weise selbst zu verwirklichen.

✯ Wenn Ihr Leben momentan von massiven Stresssituationen durchzogen ist, dann kann Ihnen Erzengel Chamuel dabei helfen, diesen Stress leichter zu überstehen und besser meistern zu können.

✯ Sollten Sie aktuell Probleme in Ihrer Partnerschaft haben - auch wenn es noch so unlösbar erscheinen mag - kann Erzengel Chamuel Ihnen helfen, hier positive Lösungen für beide Seiten zu finden.

✯ Bei jeder Art von Klärungsgesprächen, egal ob im privaten oder geschäftlichen Bereich, kann Ihnen Erzengel Chamuel bereits bei der Gesprächsvorbereitung eine wertvolle Hilfe sein, um für einen positiven Gesprächsverlauf und wunderbare Klärungen zu sorgen.

✯ Wenn Sie eine Gruppe bilden möchten oder in einem Team arbeiten, kann Erzengel Chamuel Ihnen helfen, dass alle Beteiligten dieser Gruppe als

Team miteinander und füreinander einstehen und arbeiten.

⭐ Erzengel Chamuel kann Ihnen eine unendlich wertvolle Hilfe sein, wenn es darum geht Ihre musischen und/ oder kreativen Begabungen auszuleben, zu fördern und zu erweitern und in Ihr Berufsleben zu integrieren.

Gebete zu Erzengel Chamuel

Grundsätzlich ist es, wie Sie ja bereits wissen, vollkommen egal, wie Sie beten und ein einfaches "Erzengel Chamuel hilf mir" reicht natürlich vollkommen aus, dennoch möchte ich Ihnen einige Gebete vorstellen, die Ihnen das Beten zu Erzengel Chamuel erleichtern können.

- ✷ Lieber Gott, lieber Erzengel Chamuel, ich rufe Euch herbei. Ich danke Euch von ganzem Herzen dafür, dass ich von Euch unendliche und bedingungslose Liebe erfahren darf. Geliebter Erzengel Chamuel, ich bitte Dich von ganzem Herzen hilf mir meinen Seelenpartner zu finden und in eine glückliche erfüllte und dauerhafte Partnerschaft zu gehen. Erzengel Chamuel, ich danke Dir von ganzem Herzen, so ist es. Amen.

- ✷ Lieber Gott, lieber Erzengel Chamuel, ich rufe Euch herbei. Ich danke Euch von ganzem Herzen dafür, dass Ihr mir immer hilfreich zur Seite steht. Geliebter Erzengel Chamuel, ich bitte Dich von ganzem Herzen …(benennen Sie den Gegenstand) wiederzufinden. Erzengel Chamuel, ich danke Dir von ganzem Herzen, so ist es. Amen.

✮ Lieber Gott, lieber Erzengel Chamuel, ich rufe Euch herbei. Ich danke Euch von ganzem Herzen, dass ich bei Euch stets Entspannung finden darf. Geliebter Erzengel Chamuel, bitte hilf mir die Aufgaben des Alltags in Leichtigkeit zu überstehen und diese gut zu meistern. Erzengel Chamuel, ich danke Dir von ganzem Herzen, so ist es. Amen.

✮ Lieber Gott, lieber Erzengel Chamuel, ich rufe Euch herbei. Ich danke Euch von ganzem Herzen für Eure stets liebevolle Hilfe und Unterstützung, die Ihr mir schenkt. Geliebter Erzengel Chamuel, bitte hilf mir, mich wieder selbst so zu lieben wie ich bin. Erzengel Chamuel, ich danke Dir von ganzem Herzen, so ist es. Amen.

✮ Lieber Gott, lieber Erzengel Chamuel, ich rufe Euch herbei. Ich danke Euch von ganzem Herzen für den wundervollen Partner/ die wundervolle Partnerin an meiner Seite. Bitte helft uns, diese Partnerschaft weiter zu verfestigen und stets die richtigen Worte füreinander zu finden. Erzengel Chamuel, ich danke Dir von ganzem Herzen, so ist es. Amen.

Affirmationen zu den Energien von Erzengel Chamuel

✮ Ich bin wundervoll, perfekt von meinem Schöpfer geschaffen und ich liebe mich selbst bedingungslos.

✮ Ich bin liebenswert und ziehe wahre Liebe in mein Leben.

✮ Ich bin es wert, den für mich perfekten Partner an meiner Seite zu haben.

✮ Alles in meinem Alltag ist leicht und einfach, alles geht wie von selbst.

✮ In meinem Leben ist immer genug Zeit für Spass und Vergnügen.

✮ Ich habe ein offenes Herz für mich und andere Menschen.

✮ Ich lebe meine kreativen Talente vollkommen aus.

✮ Ich bin Liebe.

✮ Ich werde unendlich geliebt.

Erzengel Zadkiel

Erzengel Zadkiels Name bedeutet „Wohlwollen Gottes". Eine seiner Aufgaben besteht darin, uns das göttliche Gesetz der Vergebung und des Mitgefühls zu lehren und uns dadurch beizubringen, allen Menschen und vor allem uns selbst vollkommen zu vergeben. Dadurch können wir lernen uns wahrhaft und vollkommen frei zu fühlen. An dieser Stelle möchte ich erwähnen, dass Vergebung keineswegs bedeutet, alles zu entschuldigen oder plötzlich gut zu heißen, was andere Menschen getan haben, sondern lediglich, dass man loslässt und der jeweiligen Person alles Liebe auf ihrem Weg wünschen kann und keinerlei Groll mehr hegt.

Erzengel Zadkiel kann uns alle lehren, unsere Schattenanteile als Teil unserer Menschlichkeit anzuerkennen, zu akzeptieren und liebevoll anzunehmen. Und uns am Ende diesen Prozess wahrhaft selbst zu lieben, eben genau so wie wir sind. Denn mit dem Schatten ist es so, dass, wenn wir ihm Aufmerksamkeit schenken, egal in welche Richtung machen wir diesen nur stärker. Wenn wir allerdings unseren Schatten beginnen zu lieben, lenken wir automatisch Licht und Liebe auf ihn, somit bleibt dann den Schattenanteilen nichts anderes übrig als zu verschwinden.

Erzengel Zadkiel lehrt uns die Vollkommenheit von Gottes Vergebung. Wir alle brauchen nicht auf Gottes Vergebung hoffen oder warten, denn Gott vergibt nichts, weil er erst gar nicht urteilt oder richtet und es somit in den Augen unseres wunderbaren Schöpfers überhaupt nichts zu vergeben gibt. Die meisten Menschen allerdings neigen dazu zu werten, zu richten und ihre Zeit zu verschwenden, indem sie nach negativen Eigenschaften bei anderen Menschen suchen und über diese diskutieren oder noch schlimmer schlecht über sich selbst reden, sich selbst Vorwürfe machen und dadurch in Selbstvorwürfe und Selbsthass zu verfallen. Im Gegensatz dazu sind wir und zwar jeder einzelne von uns von unserem Schöpfer perfekt kreiert worden.

Erzengel Zadkiel kann und will uns dabei helfen, diese negativen Glaubenssätze und Verhaltensmuster aufzulösen. Dadurch verhilft er uns zu einer neuen positiven Sichtweise, in der wir uns selbst vollkommen vergeben und die Perfektion, in der uns unser Schöpfer erschaffen hat erkennen.

Eine weitere Aufgabe von Erzengel Zadkiel ist es, uns dabei zu unterstützen, das irdische Gesetz und Rechtssystem in Einklang mit der göttlichen Gerechtigkeit, die nur aus Licht und Liebe besteht zu bringen. Dadurch kann Erzengel Zadkiel uns lehren, ab sofort nur noch die Wege unseres Herzens zu gehen, denn eines sollten Sie sich ganz bewusst machen – die göttliche Wahrheit ist nämlich, dass ein Herz, welches von Liebe erfüllt ist, keine falschen Wege gehen kann.

In allen Angelegenheiten aus diesem Bereich arbeitet Erzengel Zadkiel sehr eng mit dem bereits beschriebenen Erzengel Michael zusammen, der uns wiederum den Mut und die Kraft geben kann, zu der Wahrheit und den Wegen, welche unser Herz uns zeigen möchte, zu stehen und eben die Wege, die unser Schöpfer und unser Herz für uns vorgesehen hat, kraftvoll zu gehen.

Erzengel Zadkiel ist außerdem noch der Engel der Wachstumsprozesse, des *sich Endfaltenkönnens* und der Vollendung. Dies bedeutet, dass Erzengel Zadkiel uns helfen kann, wenn wir ihn darum bitten, unser persönliches Wachstum nach vorne zu treiben. Er zeigt uns dann Wege, wie wir „groß" werden können, und er kann unsere Wachstumsprozesse zur Vollendung führen. Dies tut er, indem er uns hilft, unser Seelenlicht, also den göttlichen Funken in uns selbst zu erkennen und dieses Licht zum Strahlen zu bringen. Er kann alles, was von Gott geschaffen wurde, also auch uns Menschen, in eine vollkommene Form bringen und uns somit zur vollkommenen Schönheit verhelfen.

Erzengel Zadkiel kann alles, was aufkeimt zum Sprießen und Wachsen bringen. Ebenso wie er sprießenden Pflänzchen dabei hilft, zu einer prachtvollen Pflanze mit wundervollen Blüten heranzuwachsen, kann Erzengel Zadkiel Ihre Ideen, die Sie in sich tragen, zum Aufkeimen, Heranwachsen und prächtigen Erblühen bringen. Also wenn Sie einen sogenannten Geistesblitz haben, beziehungsweise eine Idee in Ihnen zu keimen beginnt, bitten Sie einfach Erzengel Zadkiel um seine Hilfe, dann wird er sofort bei Ihnen sein und Ihre Idee, Ihren Geistesblitz zur Vollkommenheit führen. Er wird Sie außerdem dabei unterstützen Ihre Idee in die materielle Welt einzubringen und Wirklichkeit werden zu lassen.

Natürlich werden Sie wissen, dass der Weg, um eine Idee umzusetzen, oftmals sehr steinig und schwer sein kann und wer hat noch nicht erlebt, dass man auf einem solchen Weg auch mal Verluste erleiden kann und dementsprechend ein solcher Prozess manchmal sehr schmerzvoll ist. Dies alles können Sie sich sehr einfach ersparen, indem Sie ab heute nicht mehr versuchen, solche Prozesse allein zu durchleben, sondern einfach Erzengel Zadkiel um seine unendlich liebevolle Hilfe bitten. Er wird Ihnen alle Steine aus dem Weg räumen, die Verluste abmildern oder sogar ganz verhindern und Ihnen zeigen, dass es auch ganz leicht und spielend einfach sein kann, Ihre Ideen Wirklichkeit werden zu lassen, so dass Ihnen der Weg zur Verwirklichung Ihrer Träume vollkommene Freude bereitet.

Chakra: Erzengel Zadkiel ist zuständig für Ihr drittes Auge/Stirnchakra

Farbe: Blau, gold

Für welche Lebensbereiche ist Erzengel Zadkiel zuständig?

✫ Sollten Sie sich von Selbstzweifeln, Selbstverurteilungen oder sogar Selbsthass geplagt fühlen, kann Erzengel Zadkiel Ihnen helfen, durch Selbstvergebung zu einem positiven Neuanfang in Form von Selbstliebe zu gelangen.

✫ Egal, welche Herausforderungen das Leben momentan für Sie bereit hält, Erzengel Zadkiel kann Ihnen bei allen Wachstumsprozessen des Lebens helfen und Sie dabei unterstützen, all diese Herausforderungen leicht und einfach zu meistern.

✫ Wenn Sie Ihre Schattenanteile noch verdrängen oder verurteilen, dann kann Erzengel Zadkiel Sie dabei unterstützen, Ihren inneren Schatten zu akzeptieren, ihn liebevoll als wichtigen und richtigen Teil Ihrer Selbst anzunehmen, ja den Schatten in Ihnen sogar zu lieben und ihn dadurch aufzulösen und in Licht umzuwandeln.

✫ Vielleicht haben Sie ja momentan Herausforderungen in Ihrem Leben, die für Sie viel Positives bereit halten, haben aber noch Ängste vor dem Versagen? Dann kann Ihnen Erzengel Zadkiel helfen, diese Ängste vor dem Versagen zu überwinden, den Mut zum ´Risiko´ in Ihnen zu entwickeln oder zu stärken und dadurch die Erfolgserlebnisse in Ihrem Leben deutlich zu erhöhen und zu erweitern.

* Sollten Sie aktuell eine Niederlage in Ihrem Leben erlebt haben, die Sie sehr *heruntergezogen* hat, kann Erzengel Zadkiel Ihnen helfen, sich davon zu erholen und zu regenerieren. Er wird Ihnen dann zeigen, dass Resignation gar nichts bringt und Sie dahin führen, wieder erfüllt von neuem Mut und neuer Stärke durchzustarten.

* Erzengel Zadkiel kann Ihnen zeigen, dass Sie grenzenlos sind und durch diesen wundervollen Prozess alle Ihre inneren Begrenzungen und von Ihnen oder anderen auferlegten Beschränkungen auflösen. Dann können Sie Ihre eigene Grenzenlosigkeit erkennen und das Wissen entwickeln, dass wirklich alles möglich und Sie alles in Ihrem Leben erreichen können, was Sie sich von Herzen wünschen.

* Wenn Sie aktuell mit Gerichten und/ oder Behörden zu tun haben oder ein Rechtsstreit in Ihrem Leben ansteht, dann ist Erzengel Zadkiel sicher der passende Ansprechpartner, der hier für Gerechtigkeit sorgen kann und eine positive Lösung im Sinne der göttlichen Gesetze für Sie bewirken wird.

✯ Sollten Sie den innigen Wunsch in sich verspüren, dass Unwahrheiten ans Licht kommen, beziehungsweise in bestimmte Lebenssituationen Wahrheit hineingebracht wird, dann ist Erzengel Zadkiel der richtige Ansprechpartner, der Ihnen hierbei eine unendliche Hilfe sein kann.

✯ Wenn ein Geistesblitz in Ihnen aufkommt und Sie in sich neue Ideen fühlen, und Sie das Drängen haben, etwas Neues daraus entstehen zu lassen, kann Erzengel Zadkiel Ihnen helfen, diese Idee Wirklichkeit werden zu lassen, indem er Ihnen die notwendigen Grundgedanken schenkt und Sie zu den passenden Stellen führt.

✯ Vielleicht hatten Sie gerade in Ihrem Leben eine schwer zu bewältigende Niederlage oder einen Fehlschlag. Sollte dies der Fall sein, kann Erzengel Zadkiel Ihnen helfen, die Wahrheit und den Sinn in dieser Situation zu erkennen und diese von einer neuen Warte aus zu betrachten, nämlich als eine Chance, etwas ganz Neues entstehen zu lassen und positive Pläne zu kreieren.

Gebete zu Erzengel Zadkiel

Grundsätzlich ist es, wie Sie ja bereits wissen, vollkommen egal, wie Sie beten und ein einfaches "Erzengel Zadkiel hilf mir" reicht natürlich vollkommen aus, dennoch möchte ich Ihnen einige Gebete vorstellen, die Ihnen das Beten zu Erzengel Zadkiel erleichtern können.

- ✭ Lieber Gott, lieber Erzengel Zadkiel, ich rufe Euch herbei. Ich danke Euch von ganzem Herzen, dass Ihr mich stets in meinem Vertrauen stärkt. Geliebter Erzengel Zadkiel, ich bitte Dich von ganzem Herzen, hilf mir, mein Selbstvertrauen zu stärken und mich so von allen Selbstzweifeln zu befreien. Erzengel Zadkiel, ich danke Dir von ganzem Herzen, so ist es. Amen.

- ✭ Lieber Gott, lieber Erzengel Zadkiel, ich rufe Euch herbei. Ich danke Euch von ganzem Herzen für alle Aufgaben, die mir das Leben schenkt. Geliebter Erzengel Zadkiel, bitte hilf mir, alle Herausforderungen, die mir das Leben bringt, mit Leichtigkeit zu lösen und somit mein persönliches Wachstum zu fördern. Erzengel Zadkiel, ich danke Dir von ganzem Herzen, so ist es. Amen.

✫ Lieber Gott, lieber Erzengel Zadkiel, ich rufe Euch herbei. Ich danke Euch von ganzem Herzen, für jeden Anteil meiner Seele und für das Göttliche in mir. Geliebter Erzengel Zadkiel, ich bitte Dich, hilf mir, meine Schattenanteile liebevoll als Teil meiner Selbst anzunehmen und zu akzeptieren und mich als das zu sehen, was ich in Wahrheit bin, ein von Gott perfekt geschaffener Mensch. Erzengel Zadkiel, ich danke Dir von ganzem Herzen, so ist es. Amen.

✫ Lieber Gott, lieber Erzengel Zadkiel, ich rufe Euch herbei. Ich danke Euch von ganzem Herzen für diese wundervolle grenzenlos geschaffene Welt. Geliebter Erzengel Zadkiel, ich bitte Dich hilf mir, alle Grenzen und irdischen Begrenzungen endgültig hinter mir zu lassen und zu erkennen, dass ich vom Schöpfer grenzenlos geschaffen wurde. Erzengel Zadkiel, ich danke Dir von ganzem Herzen, so ist es. Amen.

✫ Lieber Gott, lieber Erzengel Zadkiel, ich rufe Euch herbei. Ich danke Euch von ganzem Herzen, dass ihr Licht in jede dunkle Situation des Lebens bringt. Geliebter Erzengel Zadkiel bitte hilf mir, immer die Wahrheit in allem zu sehen und bringe jede Lüge ans Licht. Erzengel Zadkiel, ich danke Dir von ganzem Herzen, so ist es. Amen.

Affirmationen zu den Energien von Zadkiel

★ Ich bin in der Lage, mir selbst und anderen wahrhaft zu vergeben.

★ Ich erledige alle Herausforderungen des Lebens mit spielender Leichtigkeit.

★ Ich liebe mich vollkommen ganz und gar, meine Schattenanteile sind wundervoll.

★ Risiken gehe ich mit Freude an, um den vollkommenen Erfolg in meinem Leben anzuziehen.

★ Ich bin wahrhaft grenzenlos.

★ Ich gehe stets den Weg der Wahrheit, und mein Leben ist von Wahrheit erfüllt.

★ Jede Niederlage ist eine großartige Chance auf etwas noch Schöneres und Besseres und macht mich stark.

Erzengel Jophiel

Nun möchte ich Ihnen Erzengel Jophiel vorstellen. Jophiels Name bedeutet: „Gott ist meine Wahrheit". Er ist der Erzengel der Erleuchtung, der Beständigkeit, der Weisheit und der Schönheit. Erzengel Jophiel trägt eine unendliche Geduld in seiner Energie, die sogenannte *„Engelsgeduld"*.

Vielleicht suchen Sie aktuell in Ihrem Leben nach einer neuen Richtung für sich selbst? Dann ist Erzengel Jophiel sicher Ihr richtiger und passender Ansprechpartner in Ihrer Lebenssituation. Er kann Ihnen die hierzu richtigen und wichtigen Impulse geben, die Ihnen bei der Suche nach einer neuen Richtung unendlich helfen werden. Er kann Sie auch dabei unterstützen, die notwendige innere Ruhe, Geduld und Beständigkeit zu entwickeln, die Sie benötigen, damit Sie diese neue Richtung voll und ganz in Ihrer Seele integrieren können. Dadurch kann sich Ihr ganzes Leben positiv verändern – und dies langfristig und dauerhaft!!!

Erzengel Jophiel kann Ihnen beibringen und Sie lehren, auch die von Ihnen als wahnsinnig schwer und mühevoll empfundenen Wege in absoluter Leichtigkeit, vollkommen frei von Sorgen und mit einer inneren Beschwingtheit zu beschreiten. Er kann Ihnen ein Gefühl von unendlicher Sicherheit geben, wenn Sie es brauchen, so dass Sie den

Mut entwickeln und sich trauen, alle Hürden, auch wenn sie noch so schwer erscheinen mögen, zu überwinden und nicht vor ihnen haltzumachen oder stehenzubleiben. Wenn Sie mit seiner Hilfe an einer neuen Lebensrichtung arbeiten, werden Sie mit Sicherheit nicht mehr an gewissen Stellen stecken bleiben, sondern immer die passenden Lösungswege parat haben. Denn mit Erzengel Jophiels wunderbarer Energie ist tatsächlich jede auch noch so schwer wirkende Hürde spielend leicht überwindbar.

Wir Menschen neigen dazu, uns selbst gedanklich zu blockieren und uns Grenzen und Begrenzungen zu erschaffen, durch die wir uns in die Lüge begeben, dass etwas für uns unmöglich ist. Erzengel Jophiel kann Ihnen helfen, die Illusion der menschlichen Begrenztheit aufzulösen, wodurch wir entdecken dürfen, wie leicht und einfach das Leben in Wahrheit ist und dass in Wirklichkeit so etwas wie unüberwindbare Hindernisse oder Hürden gar nicht existieren.

Erzengel Jophiel will uns lehren, dass mit innerer Ruhe, Gelassenheit, Geduld und Ausdauer in unserem Leben tatsächlich alles möglich ist und wir alles, was wir uns wahrhaft von Herzen (nicht mit dem Ego) wünschen, auch erreichen können. Dies soll uns zeigen, dass jeder einzelne in der Lage ist, sich komplett selbst zu verwirklichen, denn in jedem von uns, die wir alle von

Gott geschaffen wurden, steckt die göttliche Schöpferkraft. Denn Gott hat uns Menschen schließlich, wie Sie alle wissen, nach seinem Bilde erschaffen, und er hat uns mit allem ausgestattet, was wir brauchen, inklusive Schöpferkraft. Wir Menschen bilden also quasi den Mikrokosmos und Gott den Makrokosmos.

Falls Sie zu jenen Menschen gehören, die sich auf einer scheinbar unaufhörlichen Suche befinden oder Sie das Gefühl haben, sich in einem ständigen innerem Kampf zu befinden, weil Sie sich berufen fühlen, Ihr Leben dem Wohle aller Menschen zu widmen, ist Erzengel Jophiel Ihr Ansprechpartner. Vielleicht forschen Sie ständig und suchen nach Ideen für Entdeckungen, Erfindungen oder Erneuerungen, die allen Lebewesen, also dem gesamten Planeten Erde dienlich sind und gut tun sollen. Ist dies der Fall, sollten Sie unbedingt Erzengel Jophiel um seine Hilfe und Unterstützung bitten, denn seine Energie ist es, welche Sie bei all dem perfekt unterstützen kann. Wenn Sie ihn um seine Hilfe bitten, lässt Erzengel Jophiel sehr gerne für Sie seine unendlich stärkende und aufbauende Energie fließen und hilft Ihnen dabei, die für Ihre Vorhaben wichtigen Impulse zu bekommen, um all Ihre Ziele leicht und einfach in die Tat umsetzen zu können.

Sollte es bei Ihnen der Fall sein, dass in Ihrem Umfeld Menschen sind, die Sie hintergehen oder Gerüchte und Lügen über Sie verbreiten, kann Erzengel Jophiel dabei helfen, Ihren eigenen inneren Anteil an der Situation zu erkennen und aufzulösen. Außerdem kann er Sie unterstützen, dass die Menschen in Ihrem Umfeld die Wahrheit über Ihre Person erkennen und somit nicht auf dieses Gerede hereinfallen und sich davon leiten lassen.

Sollten Ihnen Ordnung und Struktur in Ihrem Leben fehlen, rufen Sie einfach Erzengel Jophiel an und bitten ihn um seine Hilfe. Dann wird er sofort da sein und Ihnen Wege zeigen, um Sie aus dem Chaos zu befreien. Sollten Sie zum Beispiel in einer Lebensphase sein, in der Sie nicht die notwendige Kraft und den nötigen Elan in sich haben, um in Ihrem Umfeld (Garten, Haus, Wohnung und so weiter) für Ordnung, Struktur und eine schöne, saubere Umgebung zu sorgen, kann Erzengel Jophiel, wenn Sie ihn darum bitten, Ihnen dabei helfen, aus Ihrer Lethargie herauszufinden, indem er Ihnen einen Energieschub und die nötige Motivation gibt.

Wundern Sie sich bitte nicht, egal in welcher Situation Sie Erzengel Jophiel um seine Energie bitten, kann es immer sein, dass Sie plötzlich das Bedürfnis verspüren, in Ihrem Umfeld für Sauberkeit und Ordnung zu sorgen. Dies ist als klares und deutliches Zeichen zu werten, dass Erzengel Jophiel mit seiner wunderbaren Energie aus Licht und Liebe anwesend ist und dabei ist, Ihnen mit Ihrem Anliegen hilfreich zur Seite zu stehen.

Farbe: Gelb, gold
Chakra: Erzengel Jophiel ist zuständig für Ihr Wurzelchakra.

Für welche Lebensbereiche ist Erzengel Jophiel zuständig?

✫ Sollten Sie in einer Situation sein, in der es Ihnen schwerfällt zu erkennen, wie ehrlich die Menschen in Ihrem Umfeld Ihnen gegenüber sind, kann Erzengel Jophiel Ihnen helfen, Wahrheit von Lüge zu unterscheiden.

✫ Wenn Sie dabei sind, neue Dinge zu erlernen, die für Ihr Leben wichtig sind, kann Erzengel Jophiel Ihnen helfen, diese neuen Fähigkeiten und Fertigkeiten leicht und einfach zu erlernen, auf richtige Weise und zum höchsten Wohle anzuwenden.

✫ Bei jeder Art des Lernens oder bei der Vorbereitung auf Prüfungen oder Tests von neuem Wissen kann Erzengel Jophiel Ihnen helfen, jede Art von Konzentrationsschwäche und -schwierigkeiten zu überwinden und Ihnen somit das Lernen erleichtern.

✫ Suchen Sie vielleicht nach Ihrer inneren Weisheit oder Ihrem inneren Wissen? Dann kann Ihnen Erzengel Jophiel helfen, den Zugang und den Kontakt zu Ihrer inneren Wahrheit zu bekommen.

✫ Wenn Sie wissenschaftlich tätig sind ist Erzengel Jophiel Ihr richtiger Begleiter, denn er kann Ihnen helfen, zu wissenschaftlichen Erkenntnissen zu gelangen und die Zusammenhänge zu erkennen.

✫ Vielleicht unterdrücken Sie Ihre Intuition und Ihre innere Stimme und hören zu sehr auf Ihren Kopf? Dann kann Ihnen Erzengel Jophiel helfen, Ihrer inneren Führung wieder mehr zu vertrauen, ihr zu folgen und dadurch immer die richtigen Entscheidungen zu treffen.

✫ Sollten Sie verhärtet durch falschen Stolz oder engstirniges Denken durchs Leben gehen, kann Ihnen Erzengel Jophiel dabei helfen, diese Denkmuster zu überwinden und wieder mehr Leichtigkeit in Ihrem Leben zu erlangen.

✫ Sollten Sie unter der Sucht nach Zigaretten leiden, kann Erzengel Jophiel Sie unterstützen, dieses Verlangen aufzulösen und endgültig mit dem Rauchen aufzuhören.

✫ Wenn in Ihrem Seelenleben alles in einem Kampf und Chaos zu sein scheint, kann Erzengel Jophiel Ihnen helfen, wieder inneren Frieden zu finden und dieses wundervolle Gefühl von tiefem Frieden in sich zu verankern und dauerhaft beizubehalten.

✫ Erzengel Jophiel hilft Ihnen, wenn Sie ihn darum bitten, bei jedem Problem, in jedem Bereich Ihres Lebens immer eine positive Lösung zu finden.

★ Erzengel Jophiel kann Ihnen helfen, sich ein sauberes und ordentliches Umfeld zu erschaffen.

Gebete zu Erzengel Jophiel

Grundsätzlich ist es, wie Sie ja bereits wissen vollkommen egal, wie Sie beten und ein einfaches "Erzengel Jophiel hilf mir" reicht natürlich vollkommen aus, dennoch möchte ich Ihnen einige Gebete vorstellen, die Ihnen das Beten zu Erzengel Jophiel erleichtern können.

- ✭ Lieber Gott, lieber Erzengel Jophiel, ich rufe Euch herbei. Ich danke Euch von ganzem Herzen, dass Ihr mich stets in meinen Wachstumsprozessen stärkt und stabilisiert. Geliebter Erzengel Jophiel, ich bitte Dich von ganzem Herzen, hilf mir, mich stets gut zu konzentrieren, so dass ich stets leicht und einfach lernen kann. Erzengel Jophiel, ich danke Dir von ganzem Herzen, so ist es. Amen.

- ✭ Lieber Gott, lieber Erzengel Jophiel, ich rufe Euch herbei. Ich danke Euch von ganzem Herzen für Eure unendliche Weisheit, die Ihr mit mir teilt. Geliebter Erzengel Jophiel, ich bitte Dich von ganzem Herzen, hilf mir, den Kontakt zu meiner inneren Wahrheit und Weisheit zu finden. Erzengel Jophiel, ich danke Dir von ganzem Herzen, so ist es. Amen.

✭ Lieber Gott, lieber Erzengel Jophiel, ich rufe Euch herbei. Ich danke Euch von ganzem Herzen, dass Eure Führung stets und immer an meiner Seite ist. Geliebter Erzengel Jophiel, bitte hilf mir, meine Intuition zu schärfen und immer auf meine innere Stimme zu hören. Erzengel Jophiel, ich danke Dir von ganzem Herzen, so ist es. Amen.

✭ Lieber Gott, lieber Erzengel Jophiel, ich rufe Euch herbei. Ich danke Euch von ganzem Herzen dafür, dass ihr für immer neue wissenschaftliche Erkenntnisse sorgt. Geliebter Erzengel Jophiel, bitte hilf mir bei meinen wissenschaftlichen Studien, leicht und einfach zu den richtigen Ergebnissen zum Wohle der Menschheit zu gelangen. Erzengel Jophiel, ich danke Dir von ganzem Herzen, so ist es. Amen.

✭ Lieber Gott, lieber Erzengel Jophiel, ich rufe Euch herbei. Ich danke Euch von ganzem Herzen, für jeden Ort und jeden Platz auf dieser Erde, wo Frieden herrscht. Geliebter Erzengel Jophiel, bitte hilf mir, stets im Frieden mit mir selbst und den Menschen in meinem Umfeld zu sein. Erzengel Jophiel, ich danke Dir von ganzem Herzen, so ist es. Amen.

Affirmationen zu den Energien von Jophiel

★ Ich bin immer gut konzentriert, das Lernen fällt mir leicht und geht wie von selbst.

★ Ich bin immer in Kontakt mit meiner inneren Weisheit.

★ Ich vertraue meiner inneren Stimme und folge meiner Intuition.

★ Ich erkenne die Wahrheit in jeder Situation.

★ Es fällt mir leicht, erlerntes Wissen anzuwenden und in meinem Leben zu integrieren.

★ Ich bin vollkommen und absolut in meiner Mitte und meinem inneren Frieden.

★ Ich erkenne Probleme stets als Chancen und finde immer eine positive Lösung für jede Situation meines Lebens.

★ Es fällt mir leicht, mir ein wunderschönes, sauberes und ordentliches Wohnumfeld zu erschaffen.

★ Ich bin immer selbstsicher, selbstbewusst und stark.

Erzengel Haniel

Der nächste Erzengel, über den wir sprechen wollen, ist Erzengel Haniel. Sein Name bedeutet: „Die Herrlichkeit Gottes" oder „die Herrlichkeit der Gnade Gottes". Wenn Sie das Gefühl haben, dass in Ihrem Leben alles komplett still zu stehen scheint und Sie keinen Ausweg sehen beziehungsweise an einem Punkt sind, an dem Sie nicht wissen, wie es für Sie weitergehen soll oder wie Sie die ganzen Blockaden, Hürden, Hindernisse und Steine auf Ihrem Lebensweg überwinden und beseitigen können, dann sollten Sie sich unbedingt mit Erzengel Haniel und seiner wundervollen Energie verbinden. Erzengel Haniel kann Sie dabei unterstützen durchzuhalten und Ihnen zu der notwendigen Portion Weitsicht verhelfen, damit Sie Ihr eigentliches Ziel nicht aus den Augen verlieren. Er zeigt Ihnen, dass jede Hürde, jedes Problem auf dem Weg zum Ziel zusätzliche Chancen für Sie beinhaltet und hilft Ihnen zu erkennen, worin der Sinn für diese Hürden liegt und welche Wachstumspotenziale dahinter stehen.

In Lebenssituationen, wo Sie schwere Schicksalsschläge hinter sich gebracht haben, welche Wunden in Ihnen hinterlassen haben, dann sollten Sie Erzengel Haniel anrufen, denn seine Energie kann Ihnen Trost spenden, Ihre Wunden heilen und Ihnen helfen, sich von diesem Schicksalsschlag nicht so sehr „herunterziehen" zu lassen und jede auch noch so traumatische Lebenserfahrung zu überwinden.

Gehören Sie vielleicht zu jenen Menschen, die dazu neigen, sich selbst immer wieder klein zu denken und sich unter andere Menschen zu stellen? Wenn ja, dann brauchen Sie Erzengel Haniels Energie ganz dringend! Denn er kann Ihnen Wege zur Selbstliebe aufzeigen und Sie wieder an Ihre wahre Größe erinnern.

Erzengel Haniels Energie wird Ihnen helfen, wieder zu sehen und zu erkennen, wie wunderbar Sie in Wahrheit sind und dass unser aller Schöpfer Sie absolut perfekt nach seinem Bilde geschaffen hat und Sie genau so richtig sind, wie Sie sind! Denn eines ist doch klar und ich denke da sind wir uns einig, Gott macht keine Fehler, sondern jede seiner Schöpfungen ist perfekt und somit **selbstverständlich auch Sie**. Mit Hilfe von Erzengel Haniels Energie können Sie erkennen, welche Kraft und Größe Sie in Wahrheit besitzen und dass der göttliche Funke immer und jederzeit in Ihnen wohnt. Durch diese Erkenntnis werden Sie mit Erzengel Haniels Hilfe aus Ihrem göttlichen Funken eine lodernde Flamme erschaffen und dadurch Ihr vollständiges, göttliches Potenzial erwecken, so dass Sie es zum Wohle Aller einsetzen können.

Sollten Sie momentan in negativen Gedankenmustern feststecken und alles nur grau in grau sehen, also alles in Ihrem Leben nur noch von der negativen Seite betrachten oder alles Schöne herunterspielen, dann kann Erzengel Haniel Ihnen mit seiner Energie helfen, Ihre Augen wieder für die Schönheit um Sie herum zu öffnen und wieder zu erkennen, wie viele wunderbare Dinge es auf Gottes Erde gibt. Er kann Ihnen helfen, sich aus diesen negativen Denkmustern, in denen Sie vielleicht feststecken zu befreien. Dadurch können Sie dann wieder die unendliche und bedingungslose Liebe unseres Schöpfers sehen in allem, was existiert, in allem was Gott für uns Menschen geschaffen hat.

Erzengel Haniel kann Ihnen zeigen, dass auf dieser Welt alles perfekt ist und dass das Positive in unser aller Leben immer überwiegt. Durch die Auflösung o.g. Muster kann Erzengel Haniel Ihnen beibringen, sich selbst, anderen Menschen und natürlich unserem wunderbaren Schöpfer wieder zu vertrauen.

Eines von Erzengel Haniels Hauptanliegen ist es, uns Menschen zu lehren, mit der gesamten Schöpfung liebevoll und behutsam umzugehen und uns für die Ressourcen unseres wundervollen Planeten einzusetzen. Er kann Ihnen ein umwelt- und klimafreundliches Bewusstsein schenken und Ihnen helfen, dieses in Ihr Leben zu integrieren und weiterzugeben. Er wird Sie in diesem Zusammenhang lehren, dass wir alle Lebewesen, Mensch und Tier, immer nur genauso behandeln sollen, wie wir es für uns selber wünschen. Umwelt- und Klimabewusstsein, dies möchte ich noch betonen, muss natürlich nicht heißen, dass Sie morgen auf die Straße gehen und sich gegen die Umweltverschmutzung kämpferisch zur Wehr setzen, sondern dies beginnt im kleinen bei jedem einzelnen, zum Beispiel kann es sein, dass Sie viel konsequenter Ihren Müll trennen, Sie sich entschließen, nur noch Biokost zu sich zu nehmen, eventuell sogar eine vegetarische oder vegane Ernährung in Ihr Leben zu integrieren.

Wenn Sie Wünsche ins Universum, also an Gott und die Engel richten, unterstützt Erzengel Haniel die Erfüllung Ihrer Herzenswünsche und zwar insofern, als dass er Ihren Geist klärt und reinigt. Dadurch können dann die Informationen aus der geistigen Welt, die für Ihre Wunscherfüllung wichtig sind, ungehindert zu Ihnen fließen. Durch diese Klärung Ihres Geistes kann Erzengel Haniel dafür sorgen, dass alle Informationen, die Sie brauchen, für Sie zugänglich sind, damit Ihre Wünsche erfüllt werden und Sie klar sehen, welche Schritte hier nötig sind, die Sie zu erledigen haben.

Außerdem sorgt Erzengel Haniel dafür, dass durch die Klärung Ihres Geistes Ihre Gedanken und Gefühle mehr Leichtigkeit erhalten und somit leichter in den Himmel aufsteigen können, wodurch es für Sie um ein Vielfaches einfacher sein wird zu manifestieren, also Ihre Wünsche und Gedanken in die materielle Welt zu bringen.

Ein ganz wichtiger Impuls, den Erzengel Haniel lehrt, ist, dass alles, was Sie und ich erschaffen, auch immer voll und ganz unserer **eigenen Verantwortung** unterliegt, dies bedeutet, wir sollen uns stets genau überlegen, was wir uns wünschen beziehungsweise mit unseren Gedanken erschaffen und welche Folgen aus unseren Wünschen für alle entstehen werden. Ich empfehle immer bei jedem Wunsch, den wir ins Universum richten, den Nachsatz, „zum höchsten Wohle aller beteiligten

Personen" hinzuzufügen.

Chakra: Erzengel Haniel ist zuständig für Ihr Nabelchakra
Farbe: rosa

Für welche Lebensbereiche ist Erzengel Haniel zuständig?

✯ Sollten Sie den Eindruck oder das Gefühl haben, mit Ihrem inneren Wissen und Ihrer Weisheit am Ende zu sein und entsprechend nicht wissen, was Sie noch tun können, kann Ihnen Erzengel Haniel die passenden Eingebungen geben, die Sie in dieser Lebenssituation benötigen, um weiter und dementsprechend Ihrem Ziel näher zu kommen.

✯ Sollten Sie gerade einen schweren Schicksalsschlag oder eine schwere Enttäuschung hinter sich gebracht haben, die Sie nur schwer überwinden können, dann kann Ihnen Erzengel Haniel den Trost spenden, den Sie brauchen, um diese Ereignisse verarbeiten zu können.

✯ Wenn Sie schon länger den Impuls haben, neue Lebenswege gehen zu wollen und Ihrem Leben eine neue Richtung geben möchten, kann Erzengel Haniel Ihnen helfen, alle Zweifel hinter sich zu lassen und mit Mut und Zuversicht voranzugehen.

✯ Vielleicht haben Sie eine große oder großartige neue Idee und möchten diese gerne umsetzen, wissen aber nicht genau, wie Sie dies erreichen oder schaffen können. Hier kann Ihnen Erzengel Haniel helfen, die notwendigen Schritte zu gehen und Wege einzuleiten und Ihnen das Durchhaltevermögen schenken, welches Sie brauchen, damit Sie Ihr Ziel erreichen, Ihre Idee Wirklichkeit werden zu lassen.

✭ Sollten Sie aufgrund innerer - selbst erschaffener - Blockaden und Barrieren keinen Blick für sich selbst und Ihre wahren Fähigkeiten und Potenziale haben, kann Erzengel Haniel Ihnen bei der Auflösung dieser Blockaden helfen, damit Ihre wundervollen Fähigkeiten wieder zum Vorschein kommen können.

✭ Wenn Sie dazu neigen, sich immer wieder klein zu denken, sich selbst unter Ihr Licht zu stellen, dann kann Erzengel Haniel Ihnen dabei helfen, Ihre eigene Größe wieder zu erkennen und diese zu leben.

✭ Vielleicht haben Sie ein mangelndes Selbstbewusstsein und Selbstwertgefühl? Sollte dies der Fall sein, kann Erzengel Haniel Ihnen helfen, die Eigenliebe in Ihnen zu stärken und wieder aufzubauen.

✭ Erzengel Haniel kann Ihnen helfen, Lebenssituationen klarer zu sehen und erkennen zu können, also hinter den Schleier der Illusionen blicken zu können.

Gebete zu Erzengel Haniel

Grundsätzlich ist es, wie Sie ja bereits wissen, vollkommen egal, wie Sie beten und ein einfaches "Erzengel Haniel hilf mir" reicht natürlich vollkommen aus, dennoch möchte ich Ihnen einige Gebete vorstellen, die Ihnen das Beten zu Erzengel Haniel erleichtern können.

- ✭ Lieber Gott, lieber Erzengel Haniel, ich rufe Euch herbei. Ich danke Euch von ganzem Herzen, dass Ihr mir stets mit Eurem Rat zur Seite steht. Geliebter Erzengel Haniel, ich bitte Dich von ganzem Herzen, gib mir immer die Eingebungen, die ich brauche, um in meinem Leben weiterzukommen. Erzengel Haniel, ich danke Dir von ganzem Herzen, so ist es. Amen.

- ✭ Lieber Gott, lieber Erzengel Haniel, ich rufe Euch herbei. Ich danke Euch von ganzem Herzen, für Eure Liebe und Wärme, mit der Ihr mir immer zur Seite steht. Geliebter Erzengel Haniel, ich bitte Dich von ganzem Herzen, gib mir Trost und Kraft, diesen schweren Schicksalschlag...(beschreiben Sie die Situation) überwinden zu können und daraus das Beste für mich zu machen. Erzengel Haniel, ich danke Dir von ganzem Herzen, so ist es. Amen.

✳ Lieber Gott, lieber Erzengel Haniel, ich rufe Euch herbei. Ich danke Euch von ganzem Herzen dafür, dass ich mich immer und jederzeit auf Euch stützen darf. Geliebter Erzengel Haniel, ich bitte Dich von ganzem Herzen, gib mir den Mut und die Zuversicht, meine neuen Lebenswege beschwingt zu beschreiten. Erzengel Haniel, ich danke Dir von ganzem Herzen, so ist es. Amen.

✳ Lieber Gott, lieber Erzengel Haniel, ich rufe Euch herbei. Ich danke Euch von ganzem Herzen für alle Ideen und Eingebungen, die ich durch Euch bekommen darf. Geliebter Erzengel Haniel, ich bitte Dich von ganzem Herzen, schenke mir das Durchhaltevermögen, das ich brauche, um meine wundervollen Ideen in die Tat umzusetzen. Erzengel Haniel, ich danke Dir von ganzem Herzen, so ist es. Amen.

✳ Lieber Gott, lieber Erzengel Haniel, ich rufe Euch herbei. Ich danke Euch von ganzem Herzen für alle Fähigkeiten, Gaben und Talente, die mir in diesem Leben geschenkt wurden. Geliebter Erzengel Haniel, ich bitte Dich von ganzem Herzen, löse alle in mir und durch mich selbst geschaffenen Blockaden auf, damit ich meine wahre Größe wieder erkennen kann und meine Fähigkeiten wieder voll und ganz leben kann. Erzengel Haniel, ich danke Dir von ganzem Herzen, so ist es. Amen.

Affirmationen zu den Energien von Erzengel Haniel

- Ich blicke immer hinter den Schleier der Illusion und erkenne in jeder Situation das Positive.

- Ich bin immer in Kontakt mit meiner inneren Weisheit.

- Ich gehe mutig und zuversichtlich und mit Freude immer wieder neue Wege in meinem Leben.

- Ich habe stets die Geduld und das Durchhaltevermögen, meine Ideen Wirklichkeit werden zu lassen.

- Ich bin von göttlicher Größe und die Nummer Eins in meinem Leben.

- Ich bin immer mit der göttlichen Quelle verbunden, und mein göttliches Bewusstsein wird mit jedem Tag meines Lebens größer.

- Ich erkenne stets meine wahre Größe.

- Ich sehe und lebe meine wahren Fähigkeiten und Potenziale.

Erzengel Raziel

Nun möchte ich Ihnen den Engel der spirituellen und esoterischen Weisheit und Geheimnisse vorstellen. Erzengel Raziels Name bedeutet: „Geheimnis Gottes". Wie sein Name bereits vermuten lässt, kennt Erzengel Raziel alle Geheimnisse des Universums und des Kosmos. Er bringt allen Menschen, wenn sie ihn darum bitten, sämtliche spirituelle und esoterische Informationen und ist in der Lage, ihnen die wunderbaren Geheimnisse unseres Schöpfers zu offenbaren, wenn sie offen dafür sind.

Erzengel Raziel wird auch häufig der göttliche Magier genannt, auf Bildern wird er sehr oft mit magischen Instrumenten und einem langen weißen Bart, der seine Weisheit symbolisieren soll, dargestellt. Erzengel Raziel kann Ihnen bei jeder Form der Manifestationsarbeit helfen. Also er unterstützt Sie dabei, Ihre Gedanken und Wünsche in die materielle Welt zu bringen und zeigt Ihnen Wege auf, wie Sie Ihre Herzenswünsche Wirklichkeit werden lassen können.

Erzengel Raziel ist außerdem der Engel des Karmas und der früheren Leben. Er kann uns bei Rückführungen helfen und uns zeigen, welche Aspekte aus einem früheren Leben für unser jetziges Leben noch von Bedeutung sind und uns helfen, altes Karma endgültig aufzulösen. Dazu gehört auch das Auflösen von alten Schwüren und Gelübden (zum Beispiel Armutsgelübde, Keuschheitsgelübde und so weiter).

Wenn Sie einer spirituellen Arbeit nachgehen oder nachgehen wollen, dann ist Erzengel Raziel stets Ihr richtiger und passender Ansprechpartner. Denn er ist der Helfer für alle esoterisch oder spirituell arbeitenden Menschen und auch für jene, die wiederum spirituellen Rat suchen. Als solcher hilft er allen Menschen, die in der spirituellen Branche tätig sind, indem er ihnen alle esoterischen Informationen zur Verfügung stellt, die sie benötigen. Erzengel Raziel unterstützt alle hellsehenden, hellfühlenden, klarwissenden und hellhörenden Menschen bei ihrer Arbeit, so wie alle Menschen, die sich mit Themen aus der Alchemie oder Astrologie befassen. In der Allchemie kann er insbesondere bei der Suche nach dem Stein der Weisen unterstützen, damit diese besondere Suche von Erfolg gekrönt sein wird.

Erzengel Raziel ist außerdem für alle Aufstiegsprozesse zuständig und kann uns Menschen dabei helfen, frei von unserem Ego zu werden, um dadurch den höchsten seelischen Aufstieg zu durchleben. Er will uns dabei helfen zu erkennen dass alles, was auf dieser Erde existiert, aus der reinen Energie von Licht und Liebe besteht.

Erzengel Raziel kann uns lehren, dass wir nur zum wahrhaftigen inneren Frieden gelangen können, wenn wir uns dem großartigen Licht und der Liebe in uns selbst, welche uns von unserem Schöpfer geschenkt wurden, voll und ganz öffnen und durch diesen wundervollen Prozess unsere gesamten Egoaspekte abzulegen.

Chakra: Erzengel Raziel ist zuständig für Ihr drittes Auge/ Stirnchakra
Farbe: Leuchtendes weiß mit orange

Für welche Lebensbereiche ist Erzengel Raziel zuständig?

✫ Wenn Sie sich mit Themen aus den Bereichen Alchemie und Astrologie beschäftigen oder Sie sich auf der Suche nach dem Stein der Weisen befinden, kann Erzengel Raziel Ihnen das nötige Wissen geben, damit all Ihre Bemühungen erfolgreich sind.

✫ Wenn Sie Ihre hellsichtigen, klarwissenden, hellfühlenden oder hellhörenden Begabungen auf- oder ausbauen möchten, kann Erzengel Raziel Ihnen dabei helfen, das volle Potenzial Ihrer spirituellen Begabungen zu entfalten und aufzubauen.

✫ Sollte Ihr Anliegen sein, Ihre Wünsche, Gedanken und Gefühle Realität werden zu lassen, kann Erzengel Raziel, wenn Sie ihn darum bitten, Ihnen dabei behilflich sein, das positive Manifestieren zu erlernen, damit Sie all Ihre positiven Wünsche in die materielle Welt bringen können.

✫ Erzengel Raziel kann Ihnen dabei helfen und Sie unterstützen, die außersinnlichen Fähigkeiten in Ihnen zu entwickeln, hervorzuholen und diese weiterzuentwickeln und auszubauen.

⭐ Erzengel Raziel kann Ihnen alle Geheimnisse und spirituellen Informationen des Universums zukommen lassen.

⭐ Sollte Ihr Anliegen sein, die geistigen Gesetze und die Magie unseres Schöpfers zu verstehen und anzuwenden, kann Erzengel Raziel Ihnen bei diesem Prozess behilflich sein und Ihnen das notwendige Lichtbewusstsein beibringen.

Gebete zu Erzengel Raziel

Grundsätzlich ist es, wie Sie ja bereits wissen, vollkommen egal, wie Sie beten und ein einfaches "Erzengel Raziel hilf mir" reicht natürlich vollkommen aus, dennoch möchte ich Ihnen einige Gebete vorstellen, die Ihnen das Beten zu Erzengel Raziel erleichtern können.

- ✭ Lieber Gott, lieber Erzengel Raziel, ich rufe Euch herbei. Ich danke Euch von ganzem Herzen für all das Wissen, welches Ihr uns Menschen zur Verfügung stellt. Geliebter Erzengel Raziel, Ich bitte Dich, unterstütze mich bei meinen Studien im Bereich der Alchemie und Astrologie und hilf mir, den Stein der Weisen zu finden. Erzengel Raziel, ich danke Dir von ganzem Herzen, so ist es. Amen.

- ✭ Lieber Gott, lieber Erzengel Raziel, ich rufe Euch herbei. Ich danke Euch von ganzem Herzen für alle außersinnlichen Gaben und Talente, welche mir in diesem Leben geschenkt wurden. Geliebter Erzengel Raziel, ich bitte Dich, hilf mir, meine Gaben des Helsehens, Hellfühlens, Klarwissens und Hellhörens zum vollen Umfang auszubauen und weiterzuentwickeln. Erzengel Raziel, ich danke Dir von ganzem Herzen, so ist es. Amen.

✮ Lieber Gott, lieber Erzengel Raziel, ich rufe Euch herbei. Ich danke Euch von ganzem Herzen dafür, dass ich denken, fühlen und handeln kann. Geliebter Erzengel Raziel, ich bitte Dich, hilf mir, meine natürlichen Fähigkeiten zu manifestieren und zum vollen Umfang auszubauen. Erzengel Raziel, ich danke Dir von ganzem Herzen, so ist es. Amen.

✮ Lieber Gott, lieber Erzengel Raziel, ich rufe Euch herbei. Ich danke Euch von ganzem Herzen für die unschätzbaren Geheimnisse des Universums. Geliebter Erzengel Raziel, Ich bitte Dich, mir alle Geheimnisse des Universums und das damit verbundene spirituelle Wissen zu offenbaren, damit ich es zum höchsten Wohle der Menschheit anwenden kann. Erzengel Raziel, ich danke Dir von ganzem Herzen, so ist es. Amen.

Affirmationen zu den Energien von Erzengel Raziel

- ✭ Ich trage das gesamte spirituelle Wissen des Universums in mir.

- ✭ Ich kenne die göttlichen Gesetze, und es fällt mir leicht sie umzusetzen und einzuhalten.

- ✭ Ich kann gefahrlos sehen.

- ✭ Meine spirituellen Talente sind vollständig erwacht.

- ✭ Alle meine positiven Wünsche, die ich für mich und andere habe, erfüllen sich hier und jetzt.

- ✭ Mein drittes Auge ist vollständig geöffnet.

- ✭ Ich bin stets im Einklang mit meinem Schöpfer und dem gesamten Universum.

- ✭ Ich bin in vollkommener Resonanz mit den Energien der Engel.

Erzengel Raguel

Nun kommen wir zu dem Erzengel, dessen Energie wirkt, wie die eines guten Freundes, was uns schon sein Name verrät. Erzengel Raguels Name bedeutet: „Freund Gottes". Eine seiner Aufgaben besteht darin, über alles Gute und Positive in der Welt zu wachen. Wenn Sie Erzengel Raguel begegnen möchten, können Sie dies überall dort, wo viele Bäume sind, also zum Beispiel in Wäldern, denn Erzengel Raguels Energie manifestiert sich in den Bäumen. Erzengel Raguels Energie ist unendlich tröstend, und er gibt uns Kraft in scheinbar schwer zu bewältigenden Lebensphasen.

Wir alle befinden uns aktuell in einem Prozess der Veränderung. Die Welt befindet sich im Wandel, und es wird ein Lichtbewusstsein entstehen. In diesem wunderbaren Evolutionsprozess ist Erzengel Raguel der richtige Begleiter, der uns hilft, auch unsere körperlichen Bedürfnisse nicht zu vernachlässigen. Er hilft uns dabei, all unsere Chakren, welche die Energiezentren unseres Seins darstellen, in Ausgleich zu halten, damit Körper, Geist und Seele stets im Einklang miteinander schwingen und wir keinen Bereich unseres Lebens vernachlässigen.

Vielleicht kennen Sie das ja: In manchen Lebensphasen fällt es uns Menschen sehr schwer uns selbst und vor allem unseren Körper wirklich zu fühlen und ihn komplett wahrnehmen zu können. Wenn dies bei Ihnen der Fall sein sollte, kann Erzengel Raguel, wenn Sie ihn darum bitten, Ihnen helfen, die Perfektion und Schönheit, in der

Gott Sie und Ihren Körper erschaffen hat, wieder zu erkennen, diese wieder wahrzunehmen und in vollsten Zügen zu genießen, so dass Sie sich im wahrsten Sinne des Wortes wieder wohl in Ihrer Haut fühlen.

Erzengel Raguel hilft Ihnen außerdem dabei, wenn Sie sich mit spirituellen Themen beschäftigen, nicht abzuheben, sondern immer den Boden unter Ihren Füßen zu behalten und somit immer Ihre Bodenhaftung zu haben. Dies kann man sich sehr einfach merken, denn wie gesagt, seine Energie manifestiert sich in den Bäumen, die ihre Wurzeln tief in der Erde haben und ihre Zweige im Himmel. Also eifern Sie doch einfach diesem Bild nach, Kopf und Arme in den Himmel und Füße auf den Boden, dann sind Sie immer gut geerdet und wenn Sie das Gefühl haben, dies alleine nicht hinzubekommen, dann bitten Sie einfach Erzengel Raguel um seine Hilfe.

Chakra: Erzengel Raguel ist zuständig für Ihr Halschakra
Farbe: helles grün, leuchtendes rot

Für welche Lebensbereiche ist Erzengel Raguel zuständig?

✭ Zu allen Zeiten, wenn Sie Kraft und Trost brauchen, kann Erzengel Raguel Ihnen helfen, dies zu finden, wenn Sie ihn um seine Hilfe bitten.

✭ Wenn Sie sich gerade in einem spirituellen Aufstiegsprozess befinden, kann Erzengel Raguel Ihnen dabei helfen, auch Ihre körperlichen Bedürfnisse im Auge zu behalten, diese zu erfüllen und sehr gut auf Ihren Körper zu achten und für ihn zu sorgen.

✭ Erzengel Raguel kann, wenn Sie ihn darum bitten, all Ihre Chakren reinigen, öffnen und dafür sorgen, dass Ihre Energiezentren stets im Ausgleich miteinander schwingen.

✭ Sollten Sie mit spirituellen Energien arbeiten und sich in Aufstiegsprozessen befinden, kann Erzengel Raguel dafür sorgen, dass Sie immer Ihre Bodenhaftung behalten, sinnbildlich mit Mutter Erde gut verwurzelt und somit gut geerdet sind.

✭ Erzengel Raguels Energie kann Ihnen helfen, sich wohl in Ihrer Haut zu fühlen und Ihren Körper vollkommen zu lieben, so wie er von Gott geschaffen wurde.

Gebete zu Erzengel Raguel

Grundsätzlich ist es, wie Sie ja bereits wissen, vollkommen egal, wie Sie beten und ein einfaches "Erzengel Raguel hilf mir" reicht natürlich vollkommen aus, dennoch möchte ich Ihnen einige Gebete vorstellen, die Ihnen das Beten zu Erzengel Raguel erleichtern können.

- ✭ Lieber Gott, lieber Erzengel Raguel, ich rufe Euch herbei. Ich danke Euch von ganzem Herzen für die wunderbare Natur, die Bäume und Wälder, die auf dieser Erde existieren. Geliebter Erzengel Raguel, Ich bitte Dich, hilf mir bei meinem spirituellen Aufstiegsprozess immer gut mit Mutter Erde verbunden zu sein, gut geerdet zu sein und immer auch meine körperlichen Bedürfnisse im Auge zu behalten und gut für meinen Körper zu sorgen. Erzengel Raguel ich danke Dir von ganzem Herzen, so ist es. Amen.

✭ Lieber Gott, lieber Erzengel Raguel, ich rufe Euch herbei. Ich danke Euch von ganzem Herzen für die wunderbare Lebensenergie, die mir zur Verfügung gestellt wurde. Geliebter Erzengel Raguel, ich bitte Dich reinige meine Chakren, öffne sie und sorge dafür, dass sie immer im Einklang miteinander schwingen. Erzengel Raguel, ich danke Dir von ganzem Herzen, so ist es. Amen.

Affirmationen zu den Energien von Erzengel Raguel

- ✫ Ich bin immer gut geerdet und fühle mich stets mit Mutter Erde verbunden.

- ✫ Mein Körper ist wundervoll und ich liebe ihn genau so wie er ist.

- ✫ Meine Chakren sind immer gereinigt und offen und schwingen im Einklang miteinander.

- ✫ Jede Zeit der Trauer gibt mir die Chance, stärker zu werden.

- ✫ Ich bin im Einklang mit der Energie der Bäume und Wälder.

- ✫ Ich sorge immer gut für meinen Körper.

- ✫ Mein Körper, mein Geist und meine Seele sind stets im Einklang miteinander verbunden.

Erzengel Ariel

Jetzt kommen wir zu dem Erzengel, der von allen existierenden Engeln für uns Menschen am leichtesten wahrzunehmen ist. Erzengel Ariels Name bedeutet: „Löwe Gottes". Er hat von allen Engeln die grobstofflichste Energie und ist für uns Menschen durch diese Tatsache am einfachsten wahrzunehmen und zu sehen. Dass Erzengel Ariel in der Nähe ist, erkennen Sie in der Regel daran, dass Sie plötzlich Bilder und Visionen von wilden Tieren bekommen, zum Beispiel von Löwen, Wölfen, Tigern und so weiter. Dies hängt damit zusammen, dass alle Tiere, inklusive Ihrer Haustiere zu Erzengel Ariels Zuständigkeitsbereich zählen. Wenn Sie ihn darum bitten, wird sich Erzengel Ariel gerne mit seinem Licht und seiner unendlichen Liebe um das Wohl Ihrer Haustiere kümmern. Er kann in diesem Zusammenhang dafür sorgen, dass eine mentale Kommunikationsebene zwischen Ihnen und Ihrem Haustier entsteht, so dass Sie immer wissen, was mit Ihrem Liebling los ist und was es braucht, also Sie immer die wahren Bedürfnisse Ihres Haustieres erkennen und spüren können und Ihrem Tier dann immer genau das geben können, was es braucht.

Wenn Sie sich in einer schwierigen Lebenssituation befinden, in der Sie sich schuldig fühlen oder sogar selbst verurteilen, kann Erzengel Ariel Ihnen helfen, alle Schuldgefühle hinter sich zu lassen und dadurch wieder zu mehr Lebensfreude und Lust am Leben zu kommen. Eines seiner Anliegen ist es, uns Menschen zu lehren das

Wort „Schuld" komplett aus unserem Wortschatz zu streichen. Es geht ihm darum, dass die Menschen erkennen, dass es auf dieser Welt keinerlei Schuld gibt, sondern nur Eigenverantwortung! Denn jeder Mensch ist an jedem Tag Schöpfer seiner Realität. Wir sollen also begreifen, dass Schuld eine Illusion ist, wir aber für alles, was in unserem Leben geschieht, komplett selbst verantwortlich sind.

Er kann uns lehren, aus den sogenannten Fehlern, die wir gemacht haben, den größten Nutzen für uns zu ziehen und uns helfen, daraus zu lernen und daran zu wachsen, anstatt uns selbst zu verurteilen oder uns selbst zu bemitleiden.

Wie wir alle wissen, ist das Leben auf dem Schulungsplaneten Erde immer voller Prüfungen, Aufgaben und Herausforderungen, die wir zu bewältigen haben und die beileibe nicht immer einfach sind und wir Menschen deshalb auch mal in negative Denkmuster verfallen können.

Erzengel Ariel kann uns helfen, wenn wir ihn darum bitten, positiv und im Licht zu bleiben, auch in den allergrößten Lebenskrisen. Dadurch kann er verhindern, dass wir dem Schatten verfallen, der zwar anfänglich sehr verführerisch wirken kann, allerdings, wenn wir uns ihm zuwenden, immer im Ergebnis zu größtem Schaden führen wird. Erzengel Ariel kann uns zeigen, wie unendlich schön es ist, im Licht unseres Schöpfers zu bleiben, Gott vollkommenes Vertrauen zu schenken und mit seiner Hilfe aus jeder noch so groß erscheinenden Krise heraus zu finden.

Chakra: Erzengel Ariel ist zuständig für Ihre Handchakren
Farbe: silber

Für welche Lebensbereiche ist Erzengel Ariel zuständig?

✹ Erzengel Ariels Energie kann Ihnen helfen, wenn Sie ihn darum bitten, Ihrer eigenen Person und allen anderen Lebewesen auf Gottes Erde immer mit Licht, Liebe und Respekt zu begegnen.

✹ Wenn Sie in einer Phase sind, in der Sie sich selbst ablehnen, kann Erzengel Ariel Ihnen helfen, sich selbst wieder mit Verständnis und Liebe begegnen zu können und durch diese Tatsache Ihr Leben wieder mit Freude und Spaß zu führen.

✹ Sollten Sie aktuell von schmerz- und leidvollen Prozessen in Ihrem Leben geplagt sein, kann Erzengel Ariel, wenn Sie ihn darum bitten, Ihnen Ihre Lasten von den Schultern nehmen und Sie dadurch von dem Leid befreien.

✹ Erzengel Ariels Energie kann Sie lehren, statt mit den Ohren und Augen mit Ihrem Herzen zu sehen und hören und dadurch wahres Mitgefühl für sich selbst und alle anderen Menschen zu entwickeln.

✹ Auch wenn Sie unter noch so tiefem Kummer leiden, kann Erzengel Ariel Ihnen helfen, diesen Schmerz in Ihnen durch Eigenliebe vollständig in die Heilung zu bringen.

✮ Wenn Sie Haustiere haben, kann Erzengel Ariel Ihnen helfen, durch eine mentale Verbindung die wahren Bedürfnisse Ihrer Lieblinge zu verstehen.

✮ Sollten Sie unter Schuldgefühlen und Selbstvorwürfen leiden, kann Erzengel Ariels Energie Ihnen helfen da herraus zu kommen und diese in Eigenverantwortung umzuwandeln.

✮ Bei allen Prüfungen, die das Leben mit sich bringt, kann Erzengel Ariel Ihnen helfen, diese mit Freude zu meistern und zu bestehen.

Gebete zu Erzengel Ariel

Grundsätzlich ist es, wie Sie ja bereits wissen, vollkommen egal, wie Sie beten und ein einfaches "Erzengel Ariel hilf mir" reicht natürlich vollkommen aus, dennoch möchte ich Ihnen einige Gebete vorstellen, die Ihnen das Beten zu Erzengel Ariel erleichtern können.

- ✯ Lieber Gott, lieber Erzengel Ariel, ich rufe Euch herbei. Ich danke Euch von ganzem Herzen für Eure unendliche und bedingungslose Liebe, die mir jeden Tag zuteil wird. Geliebter Erzengel Ariel, ich bitte Dich, hilf mir, mir selbst und allen Menschen in meinem Umfeld stets mit göttlicher Liebe und vollkommenen Respekt zu begegnen. Erzengel Ariel, ich danke Dir von ganzem Herzen, so ist es. Amen.

- ✯ Lieber Gott, lieber Erzengel Ariel, ich rufe Euch herbei. Ich danke Euch von ganzem Herzen dafür, dass ich mich in Eurer Energie immer und jederzeit verstanden fühlen darf. Geliebter Erzengel Ariel, ich bitte Dich, dass ich für mich selbst immer und jederzeit Verständnis habe und meinem Leben immer mit Freude begegnen kann. Erzengel Ariel ich danke Dir von ganzem Herzen, so ist es. Amen.

✫ Lieber Gott, lieber Erzengel Ariel, ich rufe Euch herbei. Ich danke Euch von ganzem Herzen für alles Positive, was in meinem Leben geschieht durch Eure Hilfe. Geliebter Erzengel Ariel, ich bitte Dich, hilf mir, jeden Schmerz und alles Leid loszulassen und nimm mir jede Last von den Schultern. Erzengel Ariel, ich danke Dir von ganzem Herzen, so ist es. Amen.

✫ Lieber Gott, lieber Erzengel Ariel, ich rufe Euch herbei. Ich danke Euch von ganzem Herzen dafür, dass Ihr immer mit Eurem unendlichen Mitgefühl an meiner Seite seid. Geliebter Erzengel Ariel, ich bitte Dich, hilf mir, alles mit meinem Herzen zu hören und zu sehen und dadurch vollkommenes Mitgefühl für mich und andere zu entwickeln. Erzengel Ariel, ich danke Dir von ganzem Herzen, so ist es. Amen.

Affirmationen zu den Energien von Erzengel Ariel

✭ Ich gehe mit mir und allen Menschen stets respektvoll um.

✭ Ich habe für meine eigene Person immer vollkommene Liebe und absolutes Verständnis.

✭ Mein Leben ist erfüllt von Freude und unendlicher göttlicher Liebe.

✭ Ich sehe und höre alles mit dem Herzen.

✭ Ich habe eine mentale Verbindung zu meinen Haustieren und weiß immer, was sie brauchen.

✭ Ich bin an jedem Tag meines Lebens Schöpfer meiner Realität.

Erzengel Azrael

Nun kommen wir zu dem Engel, der am häufigsten missverstanden wird. Erzengel Azraels Name bedeutet: „Wem Gott hilft". Dass Erzengel Azrael so missverstanden wird, rührt daher, dass er der sogenannte *Todesengel* ist und somit der Erzengel, der die verstorbenen Seelen abholt und ins Licht führt, aber er ist noch viel mehr. Er begleitet die Menschen, welche die Erde verlassen dürfen und ins Licht reisen, bereits ab der ersten Sekunde des Sterbeprozesses, um ihnen den Übergang und das Abschiednehmen vom irdischen Dasein zu erleichtern. Nach dem Dahinscheiden schließlich nimmt, er wie bereits erwähnt, die Seelen liebevoll an seine Hand und führt sie ins Licht zum Schöpfer.

Erzengel Azrael ist aber nicht nur für die verstorbenen Seelen da, sondern auch für die Hinterbliebenen. Er kann uns helfen, Trost zu finden und die Trauer, die der Verlust eines geliebten Menschen mit sich bringt, leichter zu überwinden. Ebenso bringt Erzengel Azrael Botschaften von lieben Verstorbenen zu uns, damit sie uns mitteilen können, wie es ihnen geht. Er kümmert sich ebenso wie um die Verstorbenen, die in die jenseitige Sphäre herüberwechseln, auch um die Angehörigen, die diesen Verlust überwinden müssen und kann, wenn wir ihn bitten, uns den Trauerprozess unendlich erleichtern.

Sicherlich haben Sie schon einmal von sogenannten Spukphänomenen gehört. Diese entstehen dann, wenn eine Seele keine Ruhe findet und noch am Erdendasein festhält. Auch hier kann Erzengel Azrael uns helfen, den ruhelosen Geist, welcher sich in unserem Haus oder unserer Wohnung befindet, sanft und mit all seiner Liebe an seine Hand zu nehmen und ins Licht zu führen. Natürlich können Sie Erzengel Azrael außerdem für jeden Ihrer geliebten Verstorbenen bitten, dass er ihn ins Licht führt.

Wenn Sie in Ihrem Berufsleben mit den Themen Tod und Sterben konfrontiert sind, also Sie beispielsweise in einem Hospiz, Kinderhospiz, in der Palliativmedizin, im Krankenhaus, im Pflegeheim und so weiter tätig sind, dann ist Erzengel Azrael der Engel, der für Ihr Berufsleben zuständige Erzengel und derjenige, den Sie jederzeit um Beistand und Hilfe bitten können, sowohl für sich selbst, als auch für jene Menschen, die Sie betreuen. Er wird Ihnen dann helfen, immer die Kraft und die Stärke zu haben und beizubehalten, diese wundervolle Arbeit zu tun und diesen Menschen immer eine großartige Stütze zu sein.

Chakra: Erzengel Azrael ist zuständig für Ihr Solarplexuschakra
Farbe: blasses gelb, vanillefarbend

Für welche Lebensbereiche ist Erzengel Azrael zuständig?

✯ Sollte sich ein geliebter Mensch in Ihrem Umfeld im Sterbeprozess befinden, kann Erzengel Azrael helfen, diesem Menschen das Leid zu lindern und ihm den Weg ins Licht zu erleichtern.

✯ Wenn Sie sich danach sehnen von einer geliebten Person im Jenseits eine Botschaft zu bekommen, kann Erzengel Azrael Ihnen diese klar und deutlich übermitteln.

✯ Wenn Sie einen ruhelosen Geist in Ihrem Haus oder Ihrer Wohnung haben, kann Erzengel Azrael Ihnen helfen, diese Seele zu entfernen und ins göttliche Licht zu führen.

✯ Sollten Sie in Ihrem Berufsleben mit dem Thema Tod und Sterben zu tun haben, also mit sterbenden Menschen, dann kann Erzengel Azrael Ihnen die Kraft und Stärke schenken, diese Menschen auf ihrem letzten irdischen Weg liebevolle Unterstützung zuteil werden zu lassen.

Gebete zu Erzengel Azrael

Grundsätzlich ist es, wie Sie ja bereits wissen, vollkommen egal, wie Sie beten und ein einfaches "Erzengel Azrael hilf mir" reicht natürlich vollkommen aus, dennoch möchte ich Ihnen einige Gebete vorstellen, die Ihnen das Beten zu Erzengel Azrael erleichtern können.

✫ Lieber Gott, lieber Erzengel Azrael, ich rufe Euch herbei. Ich danke Euch von ganzem Herzen für die wunderschöne Lebenszeit, die ich mit meinen Lieben auf dieser Erde verbringen darf. Geliebter Erzengel Azrael, hilf ...(Name der Person) in ihrem/seinem Sterbeprozess leicht den Weg ins Licht zu finden. Erzengel Azrael, ich danke Dir von ganzem Herzen, so ist es. Amen.

✫ Lieber Gott, lieber Erzengel Azrael, ich rufe Euch herbei. Ich danke Euch von ganzem Herzen dafür, dass meine lieben Verstorbenen nun in Eurer Obhut sind. Geliebter Erzengel Azrael, bitte bringe mir Botschaften und Zeichen von meinen lieben Verstorbenen, damit ich weiß, wie es ihnen geht. Erzengel Azrael, ich danke Dir von ganzem Herzen, so ist es. Amen.

✫ Lieber Gott, lieber Erzengel Azrael, ich rufe Euch herbei. Ich danke Euch von ganzem Herzen für meine wundervolle berufliche Tätigkeit mit sterbenden Menschen. Geliebter Erzengel Azrael, bitte gib mir die Kraft in meiner Arbeit, den Menschen ihren letzten Weg angenehm zu gestalten. Erzengel Azrael ich danke Dir von ganzem Herzen, so ist es. Amen.

☆ Lieber Gott, lieber Erzengel Azrael, ich rufe Euch herbei. Ich danke Euch von ganzem Herzen dafür, dass ich auf Eure Hilfe immer und zu jeder Zeit zählen darf. Geliebter Erzengel Azrael, bitte beende den Spuk in meiner Wohnung und führe die ruhelose Seele ins Licht. Erzengel Azrael, ich danke Dir von ganzem Herzen, so ist es. Amen.

Affirmationen zu den Energien von Erzengel Azrael

- ✭ Ich genieße jeden Tag meines Lebens in vollen Zügen.
- ✭ Ich besitze die Fähigkeit, zur jenseitigen Welt Kontakt aufzunehmen.
- ✭ Ich weiß um die Tatsache, dass der Tod nur ein Übergang ins göttliche Licht ist.
- ✭ Ich glaube ans Leben.
- ✭ Ich habe immer die Kraft, sterbenden Menschen zu helfen.
- ✭ Ich lasse meine Trauer zu, damit sie vollkommen heilen kann.

Erzengel Jeremiel

Kommen wir nun zu Erzengel Jeremiel, sein Name bedeutet: "Gnade Gottes". Eine seiner Augaben besteht darin die Menschen dahingehend zu inspirieren, dass sie ihr Leben der Spiritualität widmen.
Er ist gemeinsam mit Erzengel Raziel zuständig dafür, dass alle Menschen, die es möchten, spirituelle Weisheit erlangen.

Er hilft allen Mensch bei ihren spirituellen Wachstumsprozessen. Wenn Sie mit Erzengel Jeremiels Energie arbeiten, werden Sie eine Energiewelle der Begeisterung erhalten bei jedem Thema, das mit göttlicher und reiner Spiritualität zu tun hat.

Erzengel Jeremiel ist außerdem zuständig für göttliche Visionen. Er kann also Ihre inneren und äußeren Visionen stärken und Ihnen helfen, wenn Sie ihn darum bitten, klare Visionen aus der göttlichen Quelle zu Ihnen zu bringen und somit Ihre Fähgkeit zur Engelkommunikation stärken.

Auch gilt Erzengel Jeremiel als der Engel der prophetischen Visionen und hellsichtigen Träume. Wenn Sie also Antworten von der göttlichen Quelle in Form von klaren Visionen oder über Ihre Träume wünschen, dann sollten Sie sich unbedingt an ihn wenden, denn wie alle anderen Engel hat natürlich auch Erzengel Jeremiel nur eines im Sinn, nämlich Ihnen mit seiner ganzen bedingungslosen Liebe zu helfen und Sie zu unterstützen. Dementsprechend, wenn Sie klare und visionäre Führung und Leitung für Ihre Zukunft wünschen, bitten Sie ganz einfach Erzengel Jeremiel darum, Ihnen diese zu geben und in Ihre Träume zu kommen.

Wann immer Sie sich auf Ihrem spirituellen Weg festgefahren fühlen und Motivation benötigen wird Erzengel Jeremiel Sie sehr gerne zurück auf Ihren göttlichen Pfad führen. Dann ist er ein wahrer Inspirator!

Chakra: Erzengel Jeremiel ist zuständig für Ihr Kronenchakra

Farbe: violett

Für welche Lebensbereiche ist Erzengel Jermiel zuständig?

★ Wenn Sie sich spirituell festgefahren fühlen, dann kann Erzengel Jermiel Ihnen helfen, wieder zurück in Ihr spirituelles Wachstum zu finden.

★ Erzengel Jeremiel motiviert Sie sehr gerne bei allen Themen rund um Ihre göttliche Lebensaufgabe.

★ Wann immer Sie eine göttliche Vision brauchen, wird Erzengel Jeremiel diese sehr gerne zu Ihnen bringen.

★ Erzengel Jeremiel kann visionäre Träume zu Ihnen bringen und Ihnen die Gabe der prophetischen Vision schenken.

Gebete zu Erzengel Jeremiel

Grundsätzlich ist es, wie Sie ja bereits wissen vollkommen egal, wie Sie beten und ein einfaches "Erzengel Jeremiel hilf mir" reicht natürlich vollkommen aus, dennoch möchte ich Ihnen einige Gebete vorstellen, die Ihnen das Beten zu Erzengel Jeremiel erleichtern können.

- ✭ Lieber Gott, lieber Erzengel Jeremiel, ich rufe Euch herbei. Ich danke Euch von ganzem Herzen, dass ihr bei mir seit auf meinem spirituellen Weg. Geliebter Erzengel Jeremiel bitte hilf mir bei all meinen spirituellen Lern- und Wachstumsprozessen. Erzengel Jeremiel, ich danke Dir von ganzem Herzen, so ist es. Amen.

- ✭ Lieber Gott, lieber Erzengel Jeremiel, ich rufe Euch herbei. Ich danke Euch von ganzem Herzen für eure liebevolle Führung in meinem Leben. Geliebter Erzengel Jeremiel komm in meine Träume und trage visionäre Träume, meine Zukunft betreffend, zu mir. Erzengel Jeremiel, ich danke Dir von ganzem Herzen, so ist es. Amen.

Affirmationen zu den Energien von Erzengel Jeremiel

- ✫ Klar und deutlich bekomme ich göttliche Visionen.

- ✫ Meine Träume sind erfüllt von göttlichen Visionen, die meine Zukunft betreffen.

- ✫ Ich gehe mit Liebe und Hingabe meinen spirituellen Weg.

- ✫ Ich erkenne meine göttliche Lebensaufgabe und erfülle diese mit meinem ganzem Herzen in diesem Leben.

- ✫ Mein Leben ist inspiriert von den Engeln.

- ✫ Ich widme mein Leben dem spirituellen Service.

- ✫ Ich sehe in allem stets das Göttliche und genieße die Schönheit der Natur.

- ✫ Ich bin immer ruhig und gelassen und handle stets aus meiner inneren Mitte.

Affirmationen

Affirmationen sind kleine positiv formulierte Sätze, die dazu dienen, uns eine positive Realität zu erschaffen und unsere alten, negativen Glaubens- und Verhaltensmuster, welche bewusst und unbewusst vorhanden sind, vollständig aufzulösen und dadurch in eine neue positive Zukunft zu starten.

Wenn Sie mit Affirmationen arbeiten, wird sich automatisch Ihr Leben vollständig verändern.
Mit affirmativen Sätzen arbeiten ist ganz einfach. Sie machen sich einfach kleine Zettel mit der jeweiligen Affirmation und verteilen diese Zettel in Ihrer Wohnung und/ oder an Ihrem Arbeitsplatz, wo sie für Sie immer gut sichtbar sind (zum Beispiel an Ihrem PC, an Ihrem Badezimmerspiegel und so weiter), damit Sie den ganzen Tag bewusst und unbewusst an die Affirmation erinnert werden.

Des Weiteren sollten Sie diesen neuen Glaubenssatz, wann immer Sie daran denken, gedanklich oder auch laut ausgesprochen mehrfach wiederholen. Insbesondere sollten Sie hierfür die sogenannte Alphaphase nutzen, das ist die Phase unmittelbar vor dem Einschlafen und nach dem Aufwachen. In der Alphaphase befinden wir uns im gleichen Bewusstseinszustand, in dem wir uns in unseren ersten drei Lebensjahren befunden haben und dadurch eignet sich dieser am allerbesten zum Auflösen und Verändern alter Glaubens- und Verhaltensmuster.

Sie sollten immer nur mit einem bis maximal zwei Affirmationssätzen gleichzeitig arbeiten, um Ihr Unterbewusstsein nicht zu überfordern und konsequent täglich über einen Zeitraum von circa sechs Wochen diese Arbeit durchziehen, damit sich der neue Glaubenssatz festigen kann.

Sie können natürlich dazu alle Affirmationen aus diesem Buch benutzen, die ich Ihnen vorschlage, aber noch wirkungsvoller ist es, wenn Sie sich Ihre eigenen Affirmationen kreieren. Dabei ist es wichtig, dass der Satz immer kurz und knapp formuliert wird und nur positive Worte Verwendung finden. Formulieren Sie immer genau das, was Sie erreichen wollen. Worte wie "nicht, kein" und "ohne" haben hier definitiv nichts zu suchen, denn diese Worte werden in unserem Unterbewusstsein heraus gestrichen. Wenn Sie also beispielsweise sagen "ich bin nicht mehr traurig" versteht Ihr Unterbewusstsein "ich bin mehr traurig", dementsprechend wäre eine Idee für eine richtige Affirmation "Ich bin stets fröhlich, heiter und vergnügt".

Zu jedem Erzengel habe ich Ihnen bereits passende Affirmationssätze vorgestellt und möchte Ihnen auch an dieser Stelle noch einige Affirmationen an die Hand geben.

1. Ich bin ein unendlich wertvoller Mensch und mir meines eigenen Wertes auch bewusst.
2. Ich bin innerlich und äußerlich reich und ziehe finanziellen Wohlstand an.
3. Ich erreiche alle meine positiven Ziele und Wünsche.
4. Ich liebe mich selbst und andere Menschen bedingungslos.
5. Mein Herz ist von der Flamme der göttlichen Liebe erfüllt.
6. Ich habe das Recht, Liebe zu geben und zu empfangen.
7. Ich bin immer gut gelaunt und optimistisch.
8. Ich bin stets heiter, vergnügt und humorvoll und freue mich am Leben.
9. Ich bin der wichtigste Mensch in meinem Leben.
10. Ich achte und höre immer bei allem was ich tue auf meine innere Stimme.

11. Ich bin ein wundervolles und zutiefst geliebtes Kind meines Schöpfers.

12. Ich liebe mein Leben.

13. Ich bin dankbar für alle meine Gefühle.

14. Ich nehme mich vollkommen an mit all meinen Licht- und Schattenanteilen.

Auflösung alter Gelübde

Für das goldene Zeitalter ist es überaus wichtig vollkommen frei zu sein. Dazu gehört es auch sich von alten Gelübden zu befreien.

Unsere Seele ist sehr alt und hat schon viele Leben durchleben dürfen auf dieser Erde, in verschiedenen Rollen, mit unterschiedlichen Aufgaben, in immer wieder anderen Ländern und in vielen Zeitepochen. In diesen Leben haben wir Gelübde abgegeben, die unsere Seele nicht vergessen hat und sie versucht, diese einzuhalten. Dazu gehören zum Beispiel Armutsgelübde, Keuschheitsgelübde, Ehelosigkeitsgelübde und vieles mehr.

Aus diesen Schwüren, welche wir geleistet haben, entstanden karmische Verstrickungen in unserer Seele, die uns bis ins heutige Leben beeinflussen und auch durchaus krank machen können. Aber keine Sorge, man kann diese Gelübde sehr einfach auflösen, indem man mit Erzengel Raziel arbeitet und einen klaren Befehl ans Universum abgibt. Dies ist unendlich wichtig, um beispielsweise in einer erfüllten Partnerschaft leben zu können und auch um Reichtum und Erfolge anzuziehen.

Ich empfehle dazu folgende Formulierung, welche drei Mal hintereinander gesprochen wird und nur einmal im Leben durchgeführt wird. Wenn eine andere Person Sie darum bittet, können Sie diesen Erlass selbstverständlich auch für eine andere Person sprechen, aber nur mit ihrem Einverständnis.

Bevor Sie dies sprechen, nehmen Sie bitte ein reinigendes Meersalzbad. Bitte nehmen Sie lebendiges Salz! (Totes Meersalz ist nicht geeignet).

Dies ist der Erlass:

Erzengel Raziel ich rufe Dich jetzt herbei! Sei bei diesem Befehl, den ich jetzt erteilen möchte, an meiner Seite und unterstütze mich bei der vollständigen Auflösung all meiner Gelübde und all meiner karmischen Verstrickungen.

Ich rufe Dich Erzengel Michael hinzu, und bitte Dich von ganzem Herzen, hülle mich in Dein purpurnes Licht ein, damit während dieses Befehls nur Energien von Licht und Liebe und von höchster göttlicher Kraft zu mir kommen können. Und bitte durchschneide während meines Erlasses mit Hilfe Deines Flammenden Schwertes alle Bänder, Schnüre, Ketten, Schläuche und Wurzeln, die mich mit diesen Gelübden verbinden.

Im Namen von Gott Vater, meinem Schöpfer im Himmel und von allem Licht und aller Liebe des gesamten Universums befehle und erlasse ich, dass hier und jetzt auf der Stelle und für alle Zeiten sämtliche Schwüre,

Pakte, Gelöbnisse, Eide und alles, was ich je versprochen habe und was ich je geschworen oder was mir von anderen Seelen aufgeladen wurde, endgültig gelöscht, dem Universum übergeben und in reines göttliches Licht und Liebe verwandelt wird. Ich unterstehe ab sofort und für alle Zeiten nur noch den göttlichen Gesetzen aus Licht und Liebe und meines höheren Selbst. Ich bin vollkommen frei.

Lieber Gott, liebe Mutter Maria, lieber Erzengel Raziel, lieber Erzengel Michael, ich danke Euch von ganzem Herzen für die Auflösung aller Gelübde. So ist es. Amen.

Nachdem Sie dies gesprochen haben, halten Sie bitte mindestens eine Stunde Nachruhe und vermeiden Sie Ablenkung, also lesen Sie nicht, schauen Sie nicht fern und so weiter. Es kann sein, dass - wenn die Engel es für Sie für wichtig halten - Sie nach diesem Erlass Informationen über ein früheres Leben erhalten, welche wichtig sind, damit Sie verstehen können.

Diese können in Form von Bildern, Visionen, einem Gefühl oder plötzlich auftretender Gedanken kommen. Bewerten Sie nichts, sondern lassen Sie einfach das zu Ihnen kommen, was kommen will.

Danksagung

Ich danke Gott und den Engeln für meine wundervolle Lebensaufgabe und dafür, dass ich an jedem Tage meines Lebens diese wundervolle Liebe und Unterstützung erleben darf.

Vielen Dank all den lieben Menschen, insbesondere Nadja Hafendörfer für ihr Sein, es ist immer wieder schön Dein herrliches Licht zu spüren. Vielen Dank dafür, dass Du liebe Nadja mir bei der Entstehung und Entwicklung dieses Buches eine so große Hilfe und Inspiration warst, du bist ein wahrer Erdenengel!

Danke für all die Erkenntnisse, die ich vom Himmel erhalten habe und die ich mit diesem Buch weitergeben darf.

Danke Dir liebe/r Leser/in, dass Du bereit bist, Dich der Liebe des Himmels zu öffnen.

Licht und Liebe

Udo Golfmann

Der Autor

Udo Golfmann ist ein hellsichtig, hellhörend und hellfühlend begabtes Engelmedium, Engeltherapeut und Heiler.

Er entwickelte das Engel-Energie-Master-System, welches er seit vielen Jahren deutschlandweit unterrichtet.

Bereits seit seiner frühen Kindheit arbeitet er mit der Ebene der Lichtwesen. Er arbeitet gemeinsam mit den Engeln, den Feen, den Einhörnern, den aufgestiegenen Meistern und den Elfen zusammen.

Seit mehr als 25 Jahren berät er Menschen zu allen Themen des Lebens. Er hilft den Menschenseelen dabei, scheinbar auswegslose Lebenssituationen hinter sich zu lassen und zu erkennen, dass sich gemeinsam mit Gott und den Lichtwesen für jedes Problem wundervolle Lösungen ergeben.

Udo Golfmann wurde als Engelmedium und Hellseher im Jahre 1979 unter dem Sternzeichen Krebs als Kind einer deutschen Mutter und eines Vaters mit italienischen Wurzeln geboren.
Bereits in seiner frühen Kindheit hatte er seine ersten außersinnlichen Erfahrungen. Er erkannte, dass er mit einer erweiterten Wahrnehmung geboren wurde und konnte Engel, liebe Verstorbene und andere Lichtwesen, wie Feen und Elfen sehen und mit ihnen kommunizieren. Als Engelmedium erhielt er über diese Wesen Informationen, die anderen Menschen verborgen blieben. Seine spirituellen Vorbilder in dieser Zeit waren seine

Tante, die ihn in der Kunst der Zukunftsschau ausbildete, seine Großmutter, die ihn die Kunst der Jenseitskontakte lehrte und sein Urgroßvater, der in Italien sehr angesehen war als großer Seher und Heiler und Engelmedium.

Als Udo 13 Jahre alt war, hatte er eine sehr transformierende Begegnung mit Erzengel Metatron. Seit seiner frühen Kindheit sah Udo die Engel und Lichtwesen, allerdings war diese Begegnung etwas ganz Besonderes. Udo bat Erzengel Metatron um ein Zeichen bezüglich seiner Lebensaufgabe, was er aber bekam, war viel mehr als jedes Zeichen. Erzengel Metatron erschien ihm, nahm ihn mit auf eine spirituelle Reise durchs Universum und teilte ihm mit, dass er Udo fortan unterrichten und anleiten würde, damit er noch besser in seinen Fähigkeiten wird, um andere Menschen zu beraten und in spirituellen Themen auszubilden, denn dies sei seine Lebensaufgabe. Er soll als Engelmedium das Licht Gottes in der Welt verbreiten.

Die Talente des Hellsehens, Hellhörens und Hellfühlens wurden ihm bereits in die Wiege gelegt und später durch den engen Kontakt mit seiner Tante und seiner Großmutter weiterentwickelt und gestärkt. Er weiß als Engelmedium, dass alles was er hierüber wahrnimmt vom Himmel gegeben ist.

Dies äußert sich durch sein empathisches, liebevolles und mitfühlendes Wesen in seiner Arbeit als Lebensberater.

Diese Fähigkeiten sorgen dafür, dass sich während eines Beratungsgespräches Erkenntnisse, Botschaften und Bilder aus der Geistigen Welt einstellen.

Dadurch erhält Udo den direkten Zugang zum tiefliegenden Seelenleben der Menschen und kann die wirklich wichtigen Emotionen, Erfahrungen und Ereignisse des Lebens in den geschützten Rahmen des Beratungsgespräches hineinbringen.

Das Unterrichten ist wie bereits erwähnt Udo Golfmanns Lebensaufgabe. Er bietet neben seiner Arbeit als Engelmedium seit einigen Jahren himmlische Seminare in ganz Deutschland. Hier kann jeder Mensch die Engel live erleben. Udo sagt: "Jeder kann mit den Engeln kommunizieren". Er bildet Menschen zum Heiler, Lebensberater und zum Engelmedium aus.

Bisher von Udo Golfmann erschienen

Lenormand und die Erzengel
Herstellung und Verlag:
BoD – Books on Demand, Norderstedt
ISBN-13: 9783842326156

Engel-Energie-Master-System
Herstellung und Verlag:
BoD – Books on Demand, Norderstedt
ISBN-13: 978-3738658798

Zur wahren Liebe durch die Kraft der Engel-Energie
Herstellung und Verlag:
BoD – Books on Demand, Norderstedt
ISBN-13: 978-3738600674

Heilung mit den Erzengeln
Herstellung und Verlag:
BoD – Books on Demand, Norderstedt
ISBN-13: 978-3735723161

Ihre Notizen

Ihre Notizen

Ihre Notizen

Ihre Notizen

Ihre Notizen

Ihre Notizen